# 子どもの喪失体験の理解および
# 保育による支援と養成教育

――親との離別と自死遺族を中心に――

加藤恵美 著

風間書房

# は じ め に

　本書は著者が提案してきた保育の新たな領域としての「子どもの喪失体験への支援」についての書である。子どもの喪失体験とは，子どもが主たる養育者と別れる体験のことである。別れの理由は離婚や病気，事故や自殺，行方不明など多岐にわたる。子どもが養育者と別れる体験は，子どもの生存，成長，発達に生涯にわたって多大な影響を与えることが明らかになっている。離別であっても死別であっても子どもと養育者の関係が終わることはない。子どもが年齢を経てライフイベントを重ねるごとにその関係性は変容し続け，自己形成や自立の過程に重要な要素であり続ける。保育は子どもの発達の援助とともに保護者支援や親子関係への支援も担っており，子どもにとっての養育者の存在の意味を重視している。しかし，子どもが養育者と別れる体験については，それらに比べてほとんど扱われてこなかった。子どもの喪失体験への支援の意義は，2019年11月にはじまった新型コロナウイルスによるパンデミックによる日常生活と社会関係の「喪失」の顕在化からも明らかになったといえよう。他者との接触が妨げられることや，屋内にこもらざるを得ない環境は心理的な閉塞感をもたらした。保育の営みそのものが揺るがされ，その在り方そのものを検討せざるを得ない大きな社会問題であった。保育士による子どもの喪失体験への支援方策の構築は，子どもの発達の保障を担う保育で取り組むべき重要かつ喫緊の課題と考える。本書はその試みの基礎となる諸研究をひとつのまとまりとして刊行しようとするものである。

　本書の構成は，著者の勤務する静岡県立大学短期大学部の紀要論文と，著者が所属するマクロ・カウンセリング研究会の『マクロ・カウンセリング研究』掲載論文の再録をまとめたものである。なお，本書の第2部第4・5・6章と第3部第7章の筆頭著者氏名伊藤恵美は加藤恵美の旧姓である。

## 本書の構成

　本書は3部から構成されている。第1部では，保育士は子どもの喪失体験への支援という新たな保育の領域を担う必要性を明らかにし，その支援方策を構築する基礎となる論文をまとめた。

　第1章では，保育所保育士の喪失体験児の保育に関する意識について，保育問題研究会において事例「離婚後の子どもの"荒れ"への保育—あいまいな喪失の一事例—」の検討の結果を分析し，個人の検討では個別援助と多職種連携による保育を重要視していること，グループ討論では対話により包括的発展的な省察がなされたことを明らかにしている。これらのことから現職が喪失体験支援を担うための方策として，心理教育の枠組みによる体験型研修とともに事例検討を導入することを提案している。

　第2章では，保育所における喪失体験児保育の現状と同保育士が喪失体験児保育をどのように考えているかについて，社会福祉法人運営保育所250か所を対象とした質問紙調査の結果をテキストマイニングにより分析し，離婚による親との離別体験をした子どもへの専門的支援の必要性と，現職および養成教育における喪失体験児支援の教育プログラムの必要性を明らかにしている。

　第3章では，新型コロナウイルスのパンデミック下における親の離婚という"あいまいな喪失"体験をした保育園児への心理社会的支援について論じている。保育所保育指針に謳われている保育士の専門性と保育士を対象とした聞き取り調査および質問紙調査の分析結果から，喪失体験児保育の重要性を考察している。これらのことから現職の喪失体験支援の体験型研修の構築とともに保育士が担うべき喪失体験支援における専門性の範囲についての検討，さらにパンデミック下の"あいまいな喪失"理論（Boss, 1999/2005）を保育に応用する必要性を提起している。

第2部では，筆者が在籍する公立短大社会福祉学科における保育士および社会福祉士養成教育の在り方を，当事者の語りすなわちナラティブの視点から論考している。

第4章では，保育士の専門性を学ぶ科目「保育者論」新設を背景に，保護者理解を深める方法として読み聞かせの有効性について検討している。保育分野における読み聞かせに関する論文のタイトルをテキストマイニング分析した結果，当事者理解のためのナラティブ教材を用いた研究は少ないことを明らかにしている。ナラティブ教材，特に障害児の保護者の手記の活用を提案し，その意義を理論的・実践的に考察した。

第5章では，社会福祉士実習の教育評価を，実習生の自己評価表と聞き取り調査結果のナラティブ分析を通して検討している。自己評価表が実習生の省察と成長を促す形成的評価の役割を果たしていることを明らかにし，さらにエンパワーメント評価の可能性を探求している。

第6章では，社会福祉士実習の事後に作成する実習報告書をテキストマイニング分析し，実習教育の総括的評価としての機能を検証した。実習報告書作成が学びを深めるために有効であり，総括的評価においてもエンパワーメント評価の視点が重要であることから，カリキュラム全体を実習生のエンパワーメントの視点から見直す必要性を提唱している。


第3部では，自死による親との死別体験をした子どもの理解と支援方策の検討の基礎となる論考をまとめた。

第7章では，自死遺族の理解を深め，偏見を解消し，支援体制を構築するための基礎的な方策として，当事者の手記を分析しどのように困難な体験を乗り越えていくかを明らかにすることを提案している。「心的外傷後成長」の過程に焦点をあて，質的分析法として伝記分析，量的分析法としてテキストマイニングを組み合わせることにより多角的な分析の可能性を明らかにした。

iv　はじめに

　第8章では，自死で親との死別体験をした子どもの手記を通して，体験を語ることでどのようにリカバリーしていくのかをテキストマイニング分析を行っている。自死遺児が抱える困難と，自助グループがリカバリーにおいて重要な役割を果たしていること，さらに自助グループをUDR-Peerサイクルの概念と関連して理解することの意義を明らかにしている。自死遺児支援において安全に体験を語り分かち合える自助グループ等の選択肢を増やす必要性を論じている。

**文献**

Boss, P.（2005）「さよなら」のない別れ　別れのない「さよなら」―あいまいな喪失―（南山浩二，訳）. 学文社.（Boss, P.（1999）. *Ambiguous loss: Learning to live with unresolved grief*. Harvard University Press.）

# 目　　次

はじめに

## 第1部　喪失体験をもつ子どもへの支援についての意識調査⋯⋯ 1

## 第1章　保育所保育士の"喪失体験児保育"に関する意識
### ―ある保育研究会における事例検討を通して―⋯⋯⋯ 3

1．問題⋯⋯⋯⋯⋯⋯⋯⋯⋯⋯⋯⋯⋯⋯⋯⋯⋯⋯⋯⋯⋯⋯⋯⋯⋯⋯⋯⋯ 3

2．目的⋯⋯⋯⋯⋯⋯⋯⋯⋯⋯⋯⋯⋯⋯⋯⋯⋯⋯⋯⋯⋯⋯⋯⋯⋯⋯⋯⋯ 7

3．倫理的配慮⋯⋯⋯⋯⋯⋯⋯⋯⋯⋯⋯⋯⋯⋯⋯⋯⋯⋯⋯⋯⋯⋯⋯⋯⋯ 7

4．Part 1　研修の実践報告⋯⋯⋯⋯⋯⋯⋯⋯⋯⋯⋯⋯⋯⋯⋯⋯⋯ 8

5．Part 2　保育士の回答の分析⋯⋯⋯⋯⋯⋯⋯⋯⋯⋯⋯⋯⋯⋯⋯ 12

6．総合的考察⋯⋯⋯⋯⋯⋯⋯⋯⋯⋯⋯⋯⋯⋯⋯⋯⋯⋯⋯⋯⋯⋯⋯⋯ 24

文献⋯⋯⋯⋯⋯⋯⋯⋯⋯⋯⋯⋯⋯⋯⋯⋯⋯⋯⋯⋯⋯⋯⋯⋯⋯⋯⋯⋯⋯ 27

## 第2章　親の離婚を体験した子どもの支援に関する保育士の意識
### 調査―現職・保育学生を対象とする"あいまいな喪失"体験児への
### 支援教育プログラム構築に向けて―⋯⋯⋯⋯⋯⋯⋯⋯⋯⋯ 29

1．問題と目的⋯⋯⋯⋯⋯⋯⋯⋯⋯⋯⋯⋯⋯⋯⋯⋯⋯⋯⋯⋯⋯⋯⋯⋯ 29

2．方法⋯⋯⋯⋯⋯⋯⋯⋯⋯⋯⋯⋯⋯⋯⋯⋯⋯⋯⋯⋯⋯⋯⋯⋯⋯⋯⋯ 33

3．結果　保育士質問紙調査結果について⋯⋯⋯⋯⋯⋯⋯⋯⋯⋯ 37

4．考察⋯⋯⋯⋯⋯⋯⋯⋯⋯⋯⋯⋯⋯⋯⋯⋯⋯⋯⋯⋯⋯⋯⋯⋯⋯⋯⋯ 42

文献⋯⋯⋯⋯⋯⋯⋯⋯⋯⋯⋯⋯⋯⋯⋯⋯⋯⋯⋯⋯⋯⋯⋯⋯⋯⋯⋯⋯⋯ 46

付録　質問紙⋯⋯⋯⋯⋯⋯⋯⋯⋯⋯⋯⋯⋯⋯⋯⋯⋯⋯⋯⋯⋯⋯⋯⋯ 48

vi　目　次

## 第3章　親との離別という"あいまいな喪失"体験をした保育園児へのパンデミック下での心理社会的支援の課題 …………55

1．コロナ下での日本社会の変化と現状 ……………………………55

2．子どもへの影響と援助の必要性：あいまいな喪失の観点から ………57

3．親との離別体験をした子どもの支援と保育士の専門性 ………59

4．親との離別体験をした保育園児への援助の実態：
保育士の聞き取り調査及び質問紙調査の分析結果から ………62

5．親との離別体験をした保育園児への心理社会的支援の必要性 ………65

文献 ……………………………………………………………………………69

## 第2部　保育士・社会福祉士の養成教育 …………………… 71

## 第4章　保育者養成教育における読み聞かせ活動の位置づけ
—研究論文のタイトル・サブタイトルのテキストマイニング— ………73

1．問題と目的 …………………………………………………………73

2．方法 …………………………………………………………………76

3．倫理的配慮 …………………………………………………………78

4．結果 …………………………………………………………………78

5．考察 …………………………………………………………………82

文献 ……………………………………………………………………………86

## 第5章　社会福祉士実習教育の評価
—学生の実習自己評価表のナラティブ分析を通して— ………87

1．研究の目的 …………………………………………………………87

2．用語の定義 …………………………………………………………89

3．方法 …………………………………………………………………89

4．結果 …………………………………………………………………90

目　次　vii

　　5．考察 ……………………………………………………………………… 112

　　注 ……………………………………………………………………………… 117


## 第6章　社会福祉士実習教育における教育評価の検討
　　　　　―学生の実習報告書のテキストマイニング分析を通して― …………… 119

　　1．問題 ………………………………………………………………………… 119

　　2．目的 ………………………………………………………………………… 120

　　3．用語の定義 ……………………………………………………………… 121

　　4．方法 ………………………………………………………………………… 121

　　5．結果 ………………………………………………………………………… 124

　　6．考察 ………………………………………………………………………… 132

　　文献 …………………………………………………………………………… 135


## 第3部　自死遺族としての子どもの支援に向けて：
　　　　　文献的考察と語りの分析 ……………………………………………… 137

## 第7章　自死遺族の手記とその分析方法に関する考察
　　　　　―心的外傷後成長（PTG）に焦点を当てて― ……………………… 139

　　1．問題 ………………………………………………………………………… 139

　　2．研究目的 ………………………………………………………………… 140

　　3．意義 ………………………………………………………………………… 140

　　4．自死遺族が内面を語りはじめること ……………………………… 141

　　5．家族の自死における心的外傷後成長（PTG）……………………… 143

　　6．自死遺族の手記について ……………………………………………… 144

　　7．終わりに：手記分析の方法論的検討 ……………………………… 147

　　文献 …………………………………………………………………………… 150

viii 目 次

## 第8章 自死遺児の語りにおける自己開示・発見・リカバリーの過程
—手記『自殺って言えなかった。』のテキストマイニング分析—……153

1．問題と目的……………………………………………………………………153

2．方法……………………………………………………………………………156

3．結果……………………………………………………………………………157

4．考察……………………………………………………………………………164

注……………………………………………………………………………………166

文献…………………………………………………………………………………166


初出一覧……………………………………………………………………………169

謝辞…………………………………………………………………………………171

# 第1部　喪失体験をもつ子どもへの支援についての意識調査

# 第1章　保育所保育士の
## "喪失体験児保育"に関する意識
### ―ある保育研究会における事例検討を通して―

キーワード：離婚，喪失体験児，保育士，事例検討，テキストマイニング

## 1．問題

　子どもが親と離死別することは，アタッチメント対象を失うことである。それは子どもにとって異常な事態である。奥山（2008）は，「守られるべき子どもが守ってもらえるはずのアタッチメント対象を失うことは，子どもの生き残りにとっては死の危険もあるほどの一大事である。」と述べている。親を失う主な要因は，病気や事故，自殺による死別，離婚による離別があげられる。直近の日本の人口動態統計によると，親が離婚した未成年の子ども（20歳未満）の数は213,756人（厚生労働省，2018）に上る。20歳未満の子どもは21,820,000人であることから，およそ100人に1人の子どもが親との離別を体験していると推測され，少ないとは言い難い人数である。また，本邦の自殺者数は先進諸国のなかでも高止まり傾向にある。自殺対策基本法（2006）に基づき策定された自殺総合対策大綱では，自死遺児の存在に言及し支援を行うと明記された。自死遺児数は国による実態調査が行われていないが，NPO法人自殺対策支援センターライフリンクを中心とした自殺実態解析プロジェクトチーム（2008）は，1993年から2006年までの14年間の自死遺児（未成年の子ども（自殺当時））は計86,230人と推計した。コロナ禍の現況においては，2020年7月以降4か月連続で自殺者数が増えている（警察庁，2020）。
　親を失う体験の影響は，子どもの情緒，身体，行動面に及ぶ。死別の場合，

高橋（2012）は，子どもは，感情的反応，行動的反応，身体的反応と多岐にわたる反応を示すとし，「これらは死別に対する悲しみ，怒り，罪悪感や自責の念，恐れなどといった複雑な思いとして表れる。」と指摘している。一方，青木（2017）は，欧米諸国の離婚研究の知見として，「親の離婚は子どもの生涯にわたって全般的にマイナスの影響を及ぼし続けることが明らかになっている。」とし，親の離婚が子どもに与える影響として，心身症状，悲しみ，怒り，見捨てられ感などがあげられている。

　親の離婚による離別や，自殺による死別は，"あいまいな喪失"（Boss, 1999/2005）体験として捉え，理解することができる。"あいまいな喪失"は，「身体的には不在であるが，心理的に存在している」場合と，「身体的に存在しているが，心理的に不在である」場合の2つの種類を定義している。平木（2012）は，離婚は，「その体験は関係にコミットしたカップルだけでなく，子どもと親にもあいまいな喪失体験になる。」と述べている。石井ら（2012）は，自死による喪失は，社会から承認を得られず，さよならをして哀悼の過程を始めることができず，さらに，なぜ自死したのか周囲と語り合うことができないままの自死遺族は，悼みを意味づけられないまま凍結した悲嘆を抱えるからだと述べている。

　教育や社会的養護の分野では，このような子どもを支える取り組みが行われつつあり，その課題も明らかになっている。小林ら（2016）は，教師が抱く親との死別体験をした子どもの対応への不安や困難について検証し，学校で行われている支援の実際を明らかにした。課題として，子どもの心理的支援に関する教師への助言やサポートの必要性をあげている。大場（2008）は養護教諭の自死遺児支援の実態と意識調査から，子どもの対応には経験を積むだけなく，研修の必要性を指摘している。永井（2008）は，社会的養護における親と死別した子どもへの専門的支援の必要性を述べている。子どもが抱える悲しみや生活上の困難に対して，ソーシャルワーカーやケアワーカーがグリーフワークの知識とスキルを学ぶ研修などを活用し，グリーフケアの

技術を習得すべきと指摘している（永井，2019）。

　しかし子どもの発達支援を専門とする保育分野においては，親と離死別した子ども（以下，喪失体験児）の援助についてはほとんど議論がなされていない現状がある。上述のとおり，奥山（2008）は，子どもの発達においてアタッチメント対象が必要であり，重要な意味を持つこと，なおかつそれを喪失した場合の子どもの心身や生活への影響と，具体的な支援方策を提示している。厚生労働省（2018）が示す保育所保育のガイドライン（保育所保育指針）は，保育の目標として「十分に養護の行き届いた環境の下に，くつろいだ雰囲気の中で子どもの様々な欲求を満たし，生命の保持及び情緒の安定を図ること」としている。"情緒の安定を図る"とは，具体的には，子どもが安定感もって過ごせるようにすること，安心して気持ちを表出できること，周囲から主体として受け止められ，主体として育ち，自分を肯定する気持ちが育まれるようにする，と記されている。そして，「保育所は，入所する子どもの保護者に対し，その意向を受け止め，子どもと保護者の安定した関係に配慮し，保育所の特性や保育士等の専門性を生かしてその援助に当たらなければならない。」とし，子どもの情緒の安定を図ること，子どもと保護者の関係にも配慮と援助を行うことと明記している。「健康及び安全」の項目では保育中の事故や不測の事態に際して"子どもの精神保健面における対応に留意すること"とされ，さらに，外国籍家庭などの"特別な配慮を必要とする家庭"への支援も謳われている。いずれも喪失体験児は対象となっていないが，これらの内容と，子どもがアタッチメント対象である親を失うことの意味と支援方策に関する知見をふまえると，子どもが，その存在が生存と発達に不可欠な親と別れた場合の保育も行う必要があるといえよう。しかし，保育士養成課程において喪失体験児保育は扱われていない。

　このように統計上喪失体験児の存在が明らかで，その支援の知見が蓄積されており，なおかつ保育のガイドラインに喪失体験児保育の必要性に該当する内容が記載されているにもかかわらず，保育士養成課程ではその保育内容

が扱われていない現状があった。そこで筆者ら（2018ab, 2019）は，保育所保育士（以下，保育士）を対象として喪失体験児の保育の実態および意識についてインタビュー及び質問紙調査を行った。保育士11名へのインタビュー調査（加藤・いとう・井上, 2018a）では，多くの人が離婚による喪失体験児の保育を経験していた。保育において子どもの気持ちに寄り添うことや家庭の状況の把握と介入の必要性があげられたが，同時に"何をしたらよいかわからない"という喪失体験児保育への戸惑いが語られたのが特徴的であった。このうち，ある喪失体験児が突然乱暴な行動をとったことに困惑して子どもの気持ちに寄り添うことができず，後悔の念を抱いたまま以後数年語ることができなかったという保育士のケースがあった（加藤・いとう・井上, 2018b）。当該保育士はその園児の乱暴な行動の要因として，親との離別体験の影響があったと推測していたが適切な対応ができなかったと思われる。ガイドラインや保育士養成課程においてその保育の必要性が示されていない以上，本ケースのように保育士が対応できないことや，職場で喪失体験児の保育について語ることができない事態が生じるのは当然といえよう。

　上記の調査結果から，保育の場で同様のことが起こっていることが推測されたため，さらにA県内の保育所を対象として質問紙調査を行った（加藤・いとう・井上, 2019）。結果として，保育士の多くが離婚による離別を経験した子どもの保育経験を有していた。喪失体験児の心身や行動の変化を細やかに捉えて個別的援助を行っているにもかかわらず，子どもが置かれている状況の理解と関わり方に困難感を抱いていること，力量に自信があまりないこと，喪失に関する専門知識を備える必要性を訴えていることが明らかとなった。保育の現場では，喪失体験児の保育を行っているものの，どのように対応して良いか困惑を感じ，対応に関する専門知識の必要性を訴えている現状がある。つまり，保育士養成課程の教育内容に含まれていない現象への対応に苦慮している状況にあるといえよう。

　以上のことから，保育士の喪失体験児保育に関する意識を明らかにするこ

とで，喪失体験児保育の必要性，同保育の枠組み，同保育に必要な知識とスキル，知識とスキルを学ぶ方法などが明確になると考える。そして，喪失体験児保育についての意識を明らかにする方法として，個人を対象に聞き取るだけでなく，保育士同士のグループで自由に語り合うことでより具体的な喪失体験児の対応が浮き彫りになるとともに，互いの考えを共有することによる気づきや発見が得られることが考えられる。

## 2．目的

　そこで本研究は，（1）保育士を対象として，離婚による親との離別体験をした子どもの事例検討を行い，喪失体験児保育についての意識を明らかにすること，（2）そして事例検討を通して，その意識にどのような変化があったか，事例検討の自由記述内容のテキストマイニング分析から考察を行うことを目的とする。

## 3．倫理的配慮

　会の冒頭で，事例検討会の趣旨と，研究の目的および内容を説明した上で，研究への協力依頼を口頭にて行った。そして，事例検討を行う前に，口頭で研究の目的と内容を説明したうえで，ワークシートの記入内容を対象とした研究への協力依頼を行った。ワークシートに研究の趣旨・目的・内容・協力依頼を記載し，協力諾否のチェック欄および署名欄を設け，記入を依頼した。ワークシートの内容の分析に際し，個人が特定されないよう統計的処理を行うこと，協力の諾否は個人の自由な判断に基づくものである旨口頭および文書で説明した。筆者らの調査研究で回答を得られた喪失体験児保育の事例を，個人が特定されないよう改変したうえで用いた。なお，事前に該当事例を回答した研究協力者に口頭で事例検討会の趣旨と協力依頼を行い承諾を得た。

8 　第1部　喪失体験をもつ子どもへの支援についての意識調査

## 4．Part 1　研修の実践報告

　A市の保育所保育士有志による保育研究会の例会における研修内容は，第1部：筆者らが主催の喪失体験児保育に関する調査研究報告，および第2部：事例検討を実施した。本稿は第2部の事例検討について概要を述べる。

### （1）研修の内容と方法の概要

【研修タイトル】A市保育研究会における喪失体験児保育に関する事例検討
【日時】2019年10月25日19：00～21：00
【場所】A市公共施設会議室
【参加者】研究会会員22名（保育士20名，大学教員2名）
【担当者】加藤恵美（静岡県立大学短期大学部），井上孝代（明治学院大学）
【テーマ】保育における子どもの喪失体験（あいまいな喪失含む）への支援の現状と課題
【構成】

●第1部「A県内保育所保育士を対象とした喪失体験児保育の現状と支援の意識に関する質問紙調査」結果報告

（1）自己紹介，次第の案内と研究へのご協力のご依頼

（2）"あいまいな喪失"概念（喪失体験児の用語定義について含む）の紹介

（3）調査結果報告

「A県内保育士を対象とした喪失体験児保育の現状と支援の意識に関する質問紙調査」

※調査の内容については加藤・いとう・井上（2021）で別に報告する予定である。

（4）個人用調査票を配布し，第1部について回答を求めた。

●**第2部事例検討：個人およびグループで「離婚による親との離別体験をした子どもの保育」**

1．グループづくり
2．事例紹介
3．事例について個人ごとに調査票へ記入を求めた。
4．グループで個人の感想・意見をシェアし，出された感想・意見を記録係がワークシートに記入する。
5．グループの検討結果を全員でシェアする。

10    第1部　喪失体験をもつ子どもへの支援についての意識調査

## （2）個人用調査票および手続きの説明

---

**2019年度A市保育研究会定例会**
**テーマ「保育における子どもの喪失体験（あいまいな喪失含む）への支援の現状と課題」**

Ⅰ　質問紙調査結果報告についてお伺いします。（5分間）

　（1）報告内容は今後役に立ちそうですか。あてはまるものひとつに○をつけてください。
　　　5非常にそう思う　4そう思う　3どちらでもない　2あまりそう思わない　1全くそう思わない

　（2）質問紙調査結果報告の感想をご自由にお書きください。



Ⅱ　事例検討　ワークシート

---

1．事例を読んで，あなたがB君の担任であったらと想定して，次の質問についてご自由に
　　お書きください。（10分間）
　（1）B君の行動をどのように思いますか。



　（2）B君の行動にどのような対応をしますか。



　（3）その後のB君の保育でどんなことに気をつけますか。

---

2．ご自身の（1）～（3）のご感想・ご意見をグループの方とシェアし，ワークシート「個人
　　の感想・意見」欄に記録の方がご記入ください。次に全員の意見をまとめて頂き，ワー
　　クシート「グループの話し合いのまとめ」欄に記録の方がご記入ください。（15分間）

3．（1）～（3）のグループのまとめを司会の方から発表して頂き，全員の方とシェアしてく
　　ださい。（15分間）

---

## （3）事例の文章

**事例**

＊A保育士が担当した5歳児の事例である。

●A保育士のプロフィール

性別：女性　年齢：30歳　保育士経験年数：10年

●本児の状況：B君　性別：男　年齢：5歳

　4歳の時に転園してきた。両親の離婚後の転居に伴う転園であった。現在5歳児クラスに在籍しており，担任はA保育士である。身体を動かすことが好きで，友達と活発に遊ぶ姿がみられる。おとなしい子どもだが，おとなしめの子どもたちの集団の中で，遊びのリーダーシップを発揮している。

●本児の家族構成

　母親と二人で暮らしている。母方祖父母が近所に住んでおり，祖母が時々B君の登園・降園の送迎をしている。

●B君の状況とA保育士の対応の経緯

　B君は，5歳児クラスに進級後，母親との関係が悪くなり，頻繁にけんかをしていた。母親は，担任のA保育士に，「子どもが言うことを聞かない」と相談することがあった。ある日，B君が欠席し，その日に母親が泣きながら園に電話をかけてきた。A保育士が電話に出ると，母親は，「Bが泣いて，わめいている。反抗して，殴ってきた。自分もBの髪の毛を引っ張った。」と話した。A保育士は，今から自宅に行くと答えて，自宅に向かい二人をなだめてから園に戻った。

　翌日もB君が欠席し，その日，母親はパニックになって園に電話をかけてきた。A保育士が電話に出ると，母親は，「Bが家に灯油をまいた。家がなくなればいいと言っている。」と話した。A保育士は園長と二人で自宅に出向くと，自宅は灯油がまかれ，物が散乱している状態であった。園長とA保育士はまず部屋を片付けた。その後，園長が母親を外に連れ出し話を聞いた。A保育士は，部屋の隅で泣いているB君に大丈夫だよと声をかけ，黙ったままのB君に寄り添った。

12　第1部　喪失体験をもつ子どもへの支援についての意識調査

## （4）グループ用ワークシート

| 質問項目 | 個人の感想・意見 | グループの話し合いのまとめ |
| --- | --- | --- |
| （1）B君の行動をどのように思いますか。 | | |
| （2）B君の行動にどのような対応をしますか。 | | |
| （3）その後のB君の保育でどんなことに気をつけますか。 | | |

# 5．Part 2　保育士の回答の分析

## 5-1　分析方法

### 5-1-1　研究協力者

　事例検討会に参加した会員22名（保育士20名，大学教員2名）に，研究への協力依頼を行い，全員から回答を得た。22名全員に「A県内保育所保育士を対象とした喪失体験児保育の現状と支援の意識に関する質問紙調査」結果報告の保育への有用度についての評価および感想，事例検討のワークシートおよびフェイスシートの記入を依頼した。

　参加者22名のうち，保育士ではない大学教員2名の事例検討の個人の検討結果は分析対象から外した。よって事例検討の個人の検討結果の分析対象は，保育士20名のうち有効回答者14名であった。ただし5つのグループの検討結

第1章 保育所保育士の "喪失体験児保育" に関する意識　13

果のなかには大学教員の意見も含まれている。

### 5-1-2　分析対象と方法

　個人の検討結果は，参加者22名のうち保育士ではない大学教員2名を外したうえで，有効回答者14名分を分析の対象とした。5グループの検討結果は大学教員2名を含めてすべて分析対象とした。分析方法は，ユーザーローカルテキストマイニングツール（https://textmining.userlocal.jp）を用い，テキストマイニングによって明らかになった，スコアとワードクラウドに着目して分析した。スコアとは，単語の出現頻度だけでなく，その重要度を表す値である。ワードクラウドとは，スコアや出現頻度が高い単語を複数選びだし，その値に応じた大きさで図示したものである。

## 5-2　手続き

　本研究の目的は，（1）保育士を対象として，離婚による親との離別体験をした子どもの事例検討を行い，喪失体験児保育についての意識を明らかにすること，（2）そして事例検討をとおして，その意識にどのような変化があったか，事例検討の自由記述内容のテキストマイニング分析から考察を行うことであった。事例検討のテーマは「保育における子どもの喪失体験（あいまいな喪失含む）への支援の現状と課題」とし，喪失体験児保育の事例を用いて，個人およびグループで検討した。個人の検討は，ワークシートを用い，事例について3つの質問項目を設定し，自由に自分の考えを記述する形式とした。グループの検討もワークシートを用い，個人の意見を記述したうえで，「グループの話し合いのまとめ」を自由に記述する形式とした。個人およびグループのワークシートの記述内容は，ユーザーローカルテキストマイニングツール（https://textmining.userlocal.jp）を用いて分析した。

## 5-2-1 参加者のプロフィール

有効回答者数14名のうち12名が女性，2名が男性であった。年齢は，20代が最も多く35.7%（5人），次いで40代が28.6%（4人），30代が21.4%（3人），50代が14.3%（2人）で，60代以上はいなかった。保育者経験年数は，5年未満が35.7%（5人），5年以上20年未満が35.7%（5人），20年以上が28.6%（4人）であった。

## 5-3 結果1．個人の事例検討結果（自由記述）のテキストマイニング分析

事例検討では，最初に個人で事例を検討し，次に個人の検討結果をもとにグループで意見を共有し，グループとして喪失体験児への対応と意識についてまとめ，参加者全員で共有を行った。

事例検討で用いた資料は，（1）離婚による親との離別を体験した子どもの保育事例と，（2）事例に対する担任保育士と想定した場合の自分の感想，対応について3つの質問項目を設定した個人用調査票とグループ用ワークシートであった。

### （1）B君の行動をどのように思いますか。

事例についての問い「あなたが担任保育士であったらB君の行動をどう思いますか」の検討結果をテキストマイニング分析した結果，喪失体験が行動の要因との指摘や，保育の観点から子どもの行動を受けとめ理解しようとする意見がみられた。

テキストでスコアが最も高かったのは名詞「はなればなれに」（17.29）（図1）（表1）で，原文参照すると，「お父さんとはなればなれになったさみしさから，母に反こうをしている。母のせいで父とはなればなれになった。」と述べており，両親の離婚による父との離別つまり"あいまいな喪失"（Boss, 1999/2005）体験が本児の行動の要因と推測していた。

第1章 保育所保育士の"喪失体験児保育"に関する意識    15

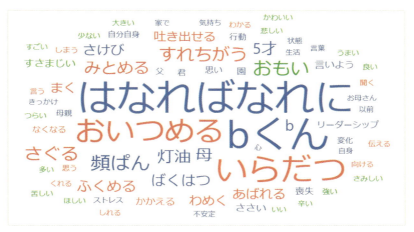

図1　個人の事例検討結果　問1　User Localテキストマイニング

表1　個人の事例検討結果　問1　単語出現頻度とスコア「名詞」

| 名詞 | スコア | 出現頻度 |
| --- | --- | --- |
| 母 | 6.65 | 19 |
| b | 5.67 | 13 |
| 君 | 0.71 | 10 |
| 思い | 1.05 | 6 |
| 行動 | 0.91 | 6 |
| 心 | 0.17 | 5 |
| 気持ち | 0.11 | 5 |
| 灯油 | 6.38 | 4 |
| 父 | 0.76 | 4 |
| 生活 | 0.23 | 4 |
| 園 | 1.54 | 3 |
| 変化 | 0.51 | 3 |
| 母親 | 0.43 | 3 |
| 状態 | 0.11 | 3 |
| はなればなれに | 17.29 | 2 |

　次いでスコアが高かった名詞「母」(6.65)（図1）（表1）の原文参照をすると，「自分の思いを受け止めてくれない母へどうにか聞いてほしい……という行動？」「B君も母がわかってくれず何か言われることに腹を立てたので

は……。」「家では母親とどんな関りがあったのだろうか。」といった本児と
母との関係に着目した，保育の観点から捉えた意見が多かった。

　次いでスコアが高かった名詞「灯油」(6.38)（図１）（表１）を原文参照する
と，「灯油をまく状態になる原因をさぐる。」「灯油をまくまでいったのはお
いつめられている。」「灯油までまくそのエネルギー『つらかったんだね』」
などの，“灯油”という子どもが手に取るとは予測しがたいものをとおして，
本児の行動や心理面への理解を示している意見がみられた。

### （2）　B君の行動にどのような対応をしますか。

　事例についての問い「あなたが担任保育士であったらB君の行動にどのよ
うな対応をしますか」をテキストマイニング分析した結果，本児への直接的
援助の具体的な内容や，外部機関との連携といった保育の専門性をいかした
対応があげられていた。

　テキストでスコアが最も高かった名詞「B君」(17.29)（図２）（表２）を原文
参照すると，「B君の側にいながら，B君がどういうことを求めているのか
探りつつ，自分のやるべきことを考える。」「行為よりも，B君の気持ちにま
ず寄り添っていく。泣く「本当はお母さんに伝えたいことがあるんだよね」
抱きしめて「苦しかったね」」「まず園長に相談し可能であれば（できれば複数
で）B君の家にむかい，Bを園につれてくる，抱きしめる。」など本児への直
接的なかかわりや，「Bくんが大変だったこと，辛い思いをしていたんじゃ
ないかということを言葉にしてBくんに尋ねたいと思います。」「まずはB君
の気持ちを聞く。（悲しい，怖い等）そこから受けとめ，母はB君のことが大
好きなことを伝える。」など行動の理由を直接訪ねるといった，本児への直
接的援助の内容が述べられていた。また，次いでスコアが高かった「児相」
(8.65)（図２）（表２），「心理士」(7.12)（図２）（表２），「保健師」(4.28)（図２）
（表２）は，「母が手を出していることもあるので児相ともつなげながら，家
庭のことを気にかけていく。」「外部への連絡（児相，保健師，民生，近所，祖父

第1章　保育所保育士の"喪失体験児保育"に関する意識　17

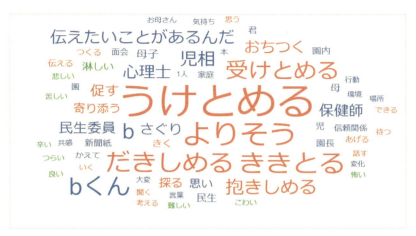

図2　個人の事例検討結果　問2　User Localテキストマイニング

表2　個人の事例検討結果　問2　単語出現頻度とスコア「名詞」

| 名詞 | スコア | 出現頻度 |
| --- | --- | --- |
| b | 13.68 | 21 |
| 君 | 1.02 | 12 |
| 思い | 2.80 | 10 |
| 母 | 1.59 | 9 |
| 気持ち | 0.07 | 4 |
| 児相 | 8.65 | 3 |
| 保健師 | 4.28 | 3 |
| 児 | 0.89 | 3 |
| 家庭 | 0.68 | 3 |
| 行動 | 0.23 | 3 |
| 本 | 0.11 | 3 |
| 言葉 | 0.08 | 3 |
| bくん | 17.29 | 2 |
| 心理士 | 7.12 | 2 |
| 母子 | 2.43 | 2 |

母など）も考える（園内で検討）」「心理士さんとの面会（受診）を促す。」など，子どもへの直接的なかかわりだけではなく，外部の専門機関や専門職との連携も必要とする意見であった。

## （3）その後のB君の保育でどんなことに気をつけますか。

　事例についての問い「あなたが担任保育士であったらその後のB君の保育でどんなことに気をつけますか」をテキストマイニング分析した結果，本児に寄り添うことや保育環境の見直しなど保育における配慮が多岐に渡っていた。本児の他害行為への危惧もあげられていることが特徴的であった。

　テキストにおけるスコアが最も高かった動詞「よりそう」（14.66）（図3）（表3）を原文参照すると，「スキンシップ，よりそい，話をする，あそぶ。」「担任間ではなし，意識してBによりそう。」であった。本児の保育は"よりそう"ことを継続して行う考えが述べられていた。

　次いでスコアが高かった名詞「保育」（4.29）（図3）（表4）を原文参照すると，「いらだちがみえるので，その原因やおもいをゆっくり出させ，おもいを整理させる。その出し方によって，保育のやり方はかえていく。」という「養護」の観点から 本児の個別性を重視した保育について述べられ，さらに「行動に変化が起きたのは進級してからということなので，進級してから何

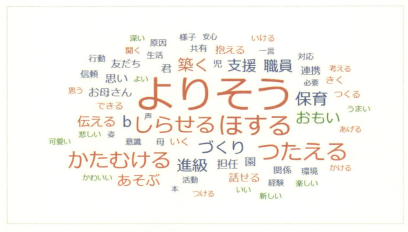

図3　個人の事例検討結果　問3　User Localテキストマイニング

第1章　保育所保育士の"喪失体験児保育"に関する意識　　19

表3　個人の事例検討結果　問3　単語出現頻度とスコア「動詞」

| 動詞 | スコア | 出現頻度 |
|---|---|---|
| いく | 0.16 | 9 |
| できる | 0.10 | 9 |
| 伝える | 0.36 | 4 |
| 聞く | 0.04 | 4 |
| よりそう | 14.66 | 3 |
| いける | 0.04 | 3 |
| ほする | 6.29 | 2 |
| つたえる | 5.14 | 2 |
| 築く | 1.23 | 2 |
| あそぶ | 0.44 | 2 |

表4　個人の事例検討結果　問3　単語出現頻度とスコア「名詞」

| 名詞 | スコア | 出現頻度 |
|---|---|---|
| b | 3.47 | 10 |
| 君 | 0.58 | 9 |
| 関係 | 0.41 | 7 |
| 思い | 0.73 | 5 |
| お母さん | 0.67 | 5 |
| 保育 | 4.29 | 4 |
| 支援 | 1.29 | 4 |
| 母 | 0.32 | 4 |
| 生活 | 0.23 | 4 |
| づくり | 3.10 | 3 |
| 職員 | 1.39 | 3 |

か原因になることが保育環境になかったかどうか，見直したい。」と環境構成にも視点を向けた意見があげられていた。

## 5-4　結果2．グループの事例検討結果（自由記述）のテキストマイニング分析

　事例検討では，最初に個人で事例を検討し，次に個人の検討結果をもとにグループで意見を共有し，グループとして喪失体験児への対応と意識についてまとめ，参加者全員で共有を行った。

　グループの事例検討で用いた資料は，喪失体験児保育への対応と意識に関

する質問3点について，個人の事例検討結果とグループでの話し合いをまとめる項目を設定したワークシートであった。

**（1） B君の行動をどのように思いますか。**

　個人の検討結果をもとに，問い「あなたが担任保育士であったらB君の行動をどう思いますか」についてのグループの話し合いのまとめをテキストマイニング分析した結果，子どもの行動に対する分析的な視点が特徴的であった。

　テキストでスコアが最も高かった名詞「いらだち」(4.54)（図4）（表5）を原文参照すると，「環境の変化→3人のバランスが崩れたことへの不安，いらだち→ストレスが行動へ。」と本児の行動の要因の分析がなされていた。母親との関係だけでなく，父親との別れをそのひとつにあげている点が特徴的であった。

図4　グループの話し合いのまとめ　問1　User Localテキストマイニング

表5　グループの話し合いのまとめ　問1　単語出現頻度とスコア「名詞」

| 名詞 | スコア | 出現頻度 |
|---|---|---|
| 母 | 0.18 | 3 |
| 行動 | 0.11 | 2 |
| いらだち | 4.54 | 1 |
| 崩れ | 0.61 | 1 |
| 欲求 | 0.24 | 1 |

（2）B君の行動にどのような対応をしますか。

　個人の検討結果をもとに，問い「あなたが担任保育士であったらB君の行動にどのような対応をしますか」についてのグループの話し合いのまとめをテキストマイニング分析した結果，子どもの理解と援助だけでなく，専門機関や地域社会との連携・協働を含めた保育所の専門性をいかした支援があげられていた。

　テキストでスコアが最も高かった単語「いらだつ」（4.89）（図5）（表6）を原文参照すると，「B君，母の戸惑い，いらだち，不安に寄り添う。」と，保

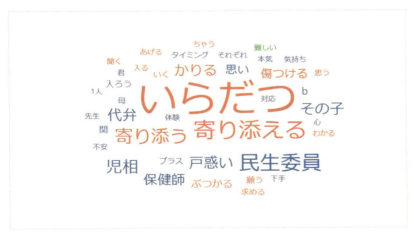

図5　グループの話し合いのまとめ　問2　User Localテキストマイニング

22　第1部　喪失体験をもつ子どもへの支援についての意識調査

### 表6　グループの話し合いのまとめ　問3　単語出現頻度とスコア「動詞」

| 動詞 | スコア | 出現頻度 |
|---|---|---|
| しまう | 0.16 | 10 |
| 思う | 0.03 | 7 |
| なくなる | 0.34 | 5 |
| まく | 1.35 | 4 |
| わかる | 0.03 | 4 |
| くれる | 0.01 | 3 |
| 向ける | 0.12 | 2 |
| 伝える | 0.09 | 2 |
| しれる | 0.02 | 2 |
| 聞く | 0.01 | 2 |
| 言う | 0.00 | 2 |
| いらだつ | 4.89 | 1 |
| おいつめる | 4.39 | 1 |

### 表7　グループの話し合いのまとめ　問3　単語出現頻度とスコア「名詞」

| 名詞 | スコア | 出現頻度 |
|---|---|---|
| 思い | 0.47 | 4 |
| その子 | 0.87 | 3 |
| b | 0.34 | 3 |
| 母 | 0.08 | 2 |
| 君 | 0.03 | 2 |
| 気持ち | 0.02 | 2 |
| 民生委員 | 4.14 | 1 |
| 児相 | 1.65 | 1 |
| 代弁 | 0.76 | 1 |
| 戸惑い | 0.72 | 1 |
| 保健師 | 0.64 | 1 |

育では本児と母の抱いているいらだちに寄り添うという意見であった。「民生委員」(4.14)（図5）（表7）は，「1人で対応せず，児相，保健師，民生委員の力もかりる。」とあり，保育所内での対応にとどまらず，必要な専門機関・専門職，地域の人との連携および協働があげられていた。スコアは比較的低いが特徴的であったのは，「代弁」(0.76)（図5）（表7）で，原文参照すると「思いを代弁していく。」という言語能力が未熟な子どもの発達過程をふまえた，かつ本児の権利擁護も含んだ対応のことであった。

（3）その後のＢ君の保育でどんなことに気をつけますか。

　個人の検討結果をもとに，問い「あなたが担任保育士であったらＢ君の行動をどう思いますか」についてのグループの話し合いのまとめをテキストマイニング分析した結果，喪失体験児への組織的対応や，「養護」の側面を重視した保育を行うことが述べられていた。

　テキストでスコアが最も高かった名詞「共通理解」（4.70）（図6）（表8）を原文参照すると，「全職員での共通理解，同じスタイルで対応。」で，喪失体験児へのかかわりは担任保育士だけでなく，組織として対応する必要性があるとの意見だった。

　次いでスコアが高かった動詞「みとめる」（2.08）（図6）（表9）を原文参照すると，「園の生活を充実させ，"たのしい"という経験を積み重ね，友だちとの関わりの中で自分をみとめてもらう。」であった。本児の安心感や自己肯定感を重視し，保育の専門性をいかしたかかわりを行うことが述べられていた。

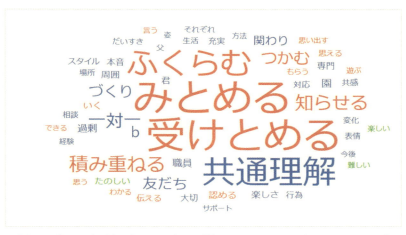

図6　グループの話し合いのまとめ　問3　User Localテキストマイニング

24　第1部　喪失体験をもつ子どもへの支援についての意識調査

表8　グループの話し合いのまとめ　問3　単語出現頻度とスコア「名詞」

| 名詞 | スコア | 出現頻度 |
|---|---|---|
| b | 0.60 | 4 |
| 君 | 0.11 | 4 |
| 友だち | 0.51 | 2 |
| 大切 | 0.09 | 2 |
| 対応 | 0.07 | 2 |
| 生活 | 0.06 | 2 |
| 場所 | 0.05 | 2 |
| 相談 | 0.03 | 2 |
| 共通理解 | 4.70 | 1 |

表9　グループの話し合いのまとめ　問3　単語出現頻度とスコア「動詞」

| 動詞 | スコア | 出現頻度 |
|---|---|---|
| いく | 0.05 | 5 |
| みとめる | 2.08 | 1 |
| 受けとめる | 2.06 | 1 |
| ふくらむ | 1.46 | 1 |

## 6．総合的考察

### 6-1　喪失体験児保育に関する意識
#### ―事例検討結果における個人とグループの意識の変化―

　本研究の目的は，（1）保育士を対象として，離婚による親との離別体験を
した子どもの事例検討を行い，喪失体験児保育についての意識を明らかにす
ること，（2）そして事例検討を通して，その意識にどのような変化があった
か，事例検討の自由記述内容のテキストマイニング分析から考察を行うこと
であった。

　事例検討結果から，保育士個人の喪失体験児保育についての意識とは，本
事例における喪失体験児の乱暴な行動は父親との離別が影響していると捉え，
母親との関係性から子どもの心理面の理解をしようとしていた。子どもに寄
り添い，気持ちの表出をゆっくり促すといった「養護」（厚労省，2018）的な

かかわりを重視し，共感やスキンシップなどの直接的援助，要望やニーズを把握しようとする個別援助を行う考えであった。また，喪失体験児保育には，児童相談所，保健師，心理士，民生委員など外部の専門機関や専門職，地域社会との連携が必要と考えていた。

「グループの話し合いのまとめ」では，喪失体験児の乱暴な行動の要因は，離婚による環境の変化と親子関係の変化によるストレスと捉え，家族全体の関係性から子どもと母親の心情を理解しようとしていた。また，喪失体験児保育は，園生活の充実を図り，安心できる人間関係のなかで子どもの自己肯定感を育むという「養護」（厚労省，2018）的なかかわりを行うという考えであった。加えて，子どもの思いを代弁するという，言語能力が未熟で十分に感情表現ができない子どもの発達過程をふまえた，かつ子どもの権利擁護を含む対応が必要としている。これらを担任保育士のみならず，保育所全体で組織的に対応するものであり，子どもの保育に関する共通理解と同援助が必要と考えていた。加えて，児童相談所，保健師，心理士，民生委員など専門機関や地域社会と連携および協働して対応する考えであった。

このような喪失体験児保育の意識において，個人とグループでは変化が2点見出された。ひとつは，子どもの行動の要因について，個人では母親と喪失体験児との関係性から理解する意見が多かったが，グループでは家族全体の関係性や環境も含めての理解であった。また，喪失体験児保育の重点は「養護」であることは個人とグループで共通しているが，グループでは園生活の充実のうえで安心できる人間関係のなかで子どもの自己肯定感を育むこと，子どもの思いを代弁すること，といったより包括的で発展的な保育内容になっていることが特徴的であった。グループ討論という対話により問題をみる視点がより総合的で包括的になっていくことがわかった。

## 6-2 「事例検討」の意義

事例検討の意義の1点目は個人で省察ができることである。2点目は個人

の省察を保育士同士のグループで自由に語り合うことで，より具体的な喪失体験児の対応が浮き彫りになることである。3点目に互いの考えを共有することによって，気づきや発見が得られることである。上述のように，グループの喪失体験児保育の検討結果は，個人のそれと比較して包括的かつ発展的な内容に変化していた。つまり，対話による事例検討は実践の省察にとどまらず，自明としてきた保育の意識の変革をもたらす方法であると考える。

筆者らは社会福祉学科生を対象とした心理教育の枠組みによる喪失体験児支援について体験的に学ぶワークショップを行い，その効果と課題を明らかにした（加藤ら，2019）。喪失体験児支援について体験的に学ぶワークショップの枠組みは，将来対人援助職に従事する学生にとって，喪失体験児への対応は必至と考えられるため，「将来，起こり得る問題を予測し，それを防ぐ予防的役割（井上ら，1997）」を持つ心理教育が適切と考えた。また，喪失体験支援を学ぶとは，専門知識とスキルだけでなく，「気づき」を得ることが必要である。心理教育における「気づき」とは，「今・ここで」の，自分や関係や対象について，「なるほどそうなのだ！」という洞察の経験（井上ら，1997）のことである。とりわけ保育士は，子どもがその成長発達に必要不可欠な親を失う体験と回復，そこで生じる様々な感情とその意味に気づくことが求められるのである。事例検討は心理教育と同様に「気づき」を得て，意識の変革を起こすことができる方法であることが明らかになった。したがって，今後，講義とワークショップから成る研修形態とともに，事例検討も用いたい。

## 6-3　本研究の限界及び今後の課題と展望

今回の事例検討は，既存の研究会例会の枠で実施させていただいたため個人およびグループの検討時間に限りがあった。とりわけグループでの個人の意見の共有と話し合いは十分に時間をかけて行いたい。また，グループの構成において，現職保育士ではない専門家が参加したことで，グループの話し

合いで保育士に対するのとは異なる意見の扱いがあったことが予想される。一方でそれが喪失体験児保育の意識にポジティブな影響を与えることや，参加者の気づきや発見，学びにつながることもあると考えられる。したがって，キャリアや年齢，経験年数などをより考慮したグループ編成を行いたい。

とはいえ，事例検討を通して保育士が喪失体験児保育の必要性に概ね肯定的であったこと，個人とグループの事例検討を通して喪失体験児保育の意識に変化があったこと，グループでは喪失体験児保育の内容の広がりと深まりがみられたという変化から，事例検討の意義が明らかになったといえよう。今回の実践から得られた成果と課題をもとに，保育士を対象とした心理教育の枠組みによる現職研修への事例検討の導入を目指したい。

**謝辞**

A保育研究会の皆様に，本研究の実施の機会を与えて頂いた。ここに感謝の意を表する。本研究は，JSPS科研費17K04297の助成を受けた。

**文献**

青木聡（2017）日本における離婚の現状．小田切紀子・野口康彦・青木聡（編著）．家族の心理—変わる家族の新しいかたち—．金剛出版．47-70．

Boss, P.（2005）「さよなら」のない別れ　別れのない「さよなら」—あいまいな喪失—（南山浩二，訳）．学文社．（Boss, P.（1999）. *Ambiguous loss: Learning to live with unresolved grief.* Harvard University Press.）

平木典子（2012）離婚・関係の解消による喪失．精神療法，38(4)，47-51．

井上孝代・田中共子・鈴木康明（1997）異文化間臨床心理学序説．多賀出版．

石井千賀子・左近リベカ（2012）自死による曖昧な喪失を体験した子どもと家族へのケア．精神療法，38(4)，466-472．

自殺実態解析プロジェクトチーム（2008）自殺実態白書2008　第二版．NPO法人自殺対策支援センターライフリンク．

加藤恵美・いとうたけひこ・井上孝代（2018a）保育現場における親を喪失した子どもへの支援の実態と課題—保育士の語りのテキストマイニング分析—．日本応用

心理学会第85回大会論文集，38.

加藤恵美・いとうたけひこ・井上孝代（2018b）離婚後の子どもの"荒れ"への保育—〈あいまいな喪失〉の一事例—．日本カウンセリング学会第51回大会論文集，65.

加藤恵美・いとうたけひこ・井上孝代（2019）あいまいな喪失を体験した子どもへの保育士による支援の実態と課題—質問紙調査の量的分析結果から—．日本応用心理学会第86回大会論文集，46.

加藤恵美・いとうたけひこ・井上孝代（2021）親の離婚を体験した子どもの支援に関する保育士の意識調査—現職・保育学生を対象とする"あいまいな喪失"体験児への支援教育プログラム構築に向けて—．静岡県立大学短期大学部研究紀要，35-W，1-19.

加藤恵美・岡本悠・日高共子・井上孝代・いとうたけひこ（2019）親を失った子どもの喪失体験に関する講義とワークショップ—社会福祉学科学生を対象とした授業実践の試み—．マクロ・カウンセリング研究，12，2-15.

警察庁（2020）令和2年の月別自殺者数について（10月末の速報値）．https://www.npa.go.jp/safetylife/seianki/jisatsu/R02/202010sokuhouti.pdf（情報取得2020/11/27）

厚生労働省（2018）保育所保育指針解説書—平成30年3月．フレーベル館．

# 第2章　親の離婚を体験した子どもの支援に関する
## 保育士の意識調査
### ―現職・保育学生を対象とする "あいまいな喪失" 体験児への
### 支援教育プログラム構築に向けて―

キーワード：子ども，あいまいな喪失，離婚，保育士，教育カリキュラム

## 1．問題と目的

### 1-1　アタッチメント対象の喪失体験

　子どもの発達において離別や死別で親を失う体験の意味は大きく，子どもにとって異常事態である。保育士からもケアの必要がある。守られるべき子どもが守ってもらえるはずのアタッチメント対象を失うことは，子どもの生き残りにとっては死の危険もあるほどの一大事である（庄司ら，2008）。喪失後，現在と未来に向けた新たなアタッチメント対象を得ることが必要であることはいうまでもない。しかし，新しいアタッチメント関係を構築する作業は相当の苦痛を伴うものであり，支援が必要になることが多い（庄司ら，2008）。

　とりわけ親が離婚した子どもについて，小田切ら（2017）は，手厚い支援の試みがなされている不登校の子どもの数と比較して，それよりも親が離婚した子どもは数が多いにもかかわらず支援が手つかずであり，もっと注目すべきと指摘している。

30 第1部 喪失体験をもつ子どもへの支援についての意識調査

## 1-2 アタッチメント対象の "あいまいな喪失" 体験：親の離婚

　ポーリン・ボス（1999/2005）は，「親密な関係にある人の身体的あるいは心理的な存在／不在に関するあいまい性がある場合，その状況を，"あいまいな喪失" と呼んでいる」（南山, 2012）。"あいまいな喪失" には2つのタイプがある。第一のタイプは，身体的には不在であるが心理的には存在していると認知される喪失であり（南山, 2012），離婚による親の不在（Boss, 2006/2015）がこれにあてはまる。第二のタイプは，身体的には存在しているが，心理的に不在であると認識されることにより経験される喪失（南山, 2012）であり，認知症や依存症などが挙げられている（Boss, 2006/2015）。

　ボスは，離婚はそれ自体が問題ではないが，離婚に伴って生じるあいまいで未解決な喪失が問題であるとし，親が，何が失われたのかを同定し，生活の中で継続している繋がりを同定しつつ，それを哀悼することが子どもにとって健全なアプローチであると述べている（Boss, 1999/2005）。

　平木（2012）によると，離婚には，死や意識喪失の状態とは異なった複雑な喪失のプロセスがあり，その体験は，関係にコミットしたカップルだけでなく，子どもと親にもあいまいな喪失体験になり得る。

## 1-3 親との離別・死別体験をした子どもの支援に関する先行研究

　親の離婚を経験する子どもに対する専門的支援の在り方について，菅原（2016）は，子どもにとって両親の離婚は，当事者である親以上に大きな出来事（ライフイベント）となることから，離婚前後のネガティブな影響をできるだけ軽減し，よりポジティブな子どもの人生のスタートの契機となることを目指した親や専門職（保育士や教師，手続き代理人，弁護士や家庭裁判所の調停委員・調査官・裁判官・カウンセラーやソーシャルワーカー等）の "関り" が求められると指摘している。

　日本における親との死別体験をした子どもの支援は，民間団体が中心と

なってきた（高橋ら，2014）。高橋（2014）は，就学支援から始まり，阪神淡路大震災（1995年）を機に親との死別体験をした子どもの心のケアが注目され，自殺やがんで親を失う子どもも少なくない中，子どものグリーフサポートは災害などの非常時のサポートだけではなく日常の中に組み込まれるべきセーフティネットであると指摘している。

教育分野では，学校の教師による子どもの死別体験の支援の取り組みがなされている。小林ら（2016）は，子どもにとって家庭と同じく大事な生活環境である学校での教師の対応が不可欠であるとし，その対応の困難の検証を行い，大切な人を亡くした子どもの心理面の理解や生活環境への支援，対応する教師を支えるチームワークの重要性を明らかにしている。

社会福祉分野では，加藤（2012）が，社会的養護にある子どもの支援において，虐待のみならず，親との離別体験という“あいまいな喪失”の理解と支援の必要性を指摘している。

## 1-4　保育における子どもの喪失体験への支援の現状

児童福祉分野では，社会的養護にある子どもの親との離別という“あいまいな喪失”体験への対応の必要性が指摘（加藤，2012）されているが，保育所保育においては，少なくない数の子どもが体験していると推測される親との離別体験をした子ども（以下，“あいまいな喪失”体験児）に焦点をあてた先行研究は見当たらなかった。

保育所は，保育所保育指針（厚労省，2017：以下，保育指針）に基づき，養護と教育の一体的展開を特色とする。養護は，具体的には子どもの生命の保持と情緒の安定を図ることである。養護は，保育所保育の基盤であり，基本原理である（汐見ら，2018）。また，保育指針の子育て支援の章では，これを行うに当たっては，保育士は子どもと保護者の関係を把握し，高めることが子どもの成長を支える力になることを念頭に置いて，働きかけることとされている（厚労省，2018）。したがって，子どもの情緒の安定を図る働きかけと環

境構成，子どもと親の関係を高める支援のなかで，"あいまいな喪失"体験児への援助もなされていると推測される。

　しかるに，保育指針において，重大事故や不審者の侵入等に際しての危機管理として，事後の子どもの心的外傷後ストレス障害（Post Traumatic Stress Disorder）への対応といった子どもの精神保健や，子育て支援において，特別な配慮を要する家庭の個別支援の対象として，ひとり親家庭があげられているが，"あいまいな喪失"体験児が情緒的に不安定になった場合の個別援助については扱われていない。

　また，保育分野では，"気になる子"という用語が定着している（赤木，2017）が，"あいまいな喪失"体験児は該当していない。赤木（2017）は，"気になる子"が保育の課題として定着した理由は，「今までの保育では，集団がまとまらない，今までの価値観では，目の前の子どもが理解できない…，かつ，『発達障害』『親子関係』など明確な原因に帰することができない，という状況」にあるとし，子どもに問題があるのではなく，保育者のもっていた「子ども理解」や「保育の枠組み」がうまくいっていないことの表れであると指摘している。鯨岡（2017）は，子どもの負の行動にいかに対処するかという発想から，一人の子どもの困り感をいかに掴んでいかにそれに配慮するかという発想への転換を提示している。しかし，子ども理解の視点としても，また子どもの困り感の要因としても，親との離別体験は未検討である。

## 1-5　喪失体験の理解と意味づけ

　今ここの課題として，保育士の援助の一環として喪失の問題を位置づける必要がある。子どもにとって，喪失体験の理解や，意味づけをしていくことが，精神的自立に必要である。

　加藤ら（2018）は，"あいまいな喪失"体験児保育の現状についての予備的調査として，保育所保育士11名への聞き取りを行い，子どもの理解とその対応に困難があることを明らかにした。しかしこの問題の検討は不十分である。

この問題の重要な先行研究として保育士の現場の実態調査に関連して注目すべき研究がある。大曲（2017）は保育所や医療機関において，質問紙調査を行っている。大曲（2017）の調査は，親が慢性の病気，または親を亡くした子どもの言動変化について，専門職ごとの観察の視点と，対応の方策の特徴を明らかにしている。

## 1-6　目的

保育分野での新たな領域として現職・養成課程での“あいまいな喪失”体験児保育に関する教育プログラムの確立を目指すのがプロジェクトの大きな目的である。本調査では，大曲（2017）の調査を参考にして，特に（1）保育所における“あいまいな喪失”体験児の保育の現状と，（2）保育所保育士が“あいまいな喪失”体験児の保育をどのように考えているかを明らかにすることを目的とする。

## 2．方法

### 2-1　郵送質問紙調査

A県社会福祉協議会発行の施設要覧に基づき，社会福祉法人が経営する保育園250か所を対象とし，郵送質問紙調査を実施した。

### 2-2　研究協力者

A県内の社会福祉法人運営の保育園250か所へ研究協力依頼文書を郵送し，承諾を得られた60か所へ質問紙を郵送した。保育士411人から回答が得られた。

## 2-3　用語の定義

　本調査は，子どもが親を失った要因として，離婚による離別，病気や事故，自殺による死別，その他と設定した。そのため質問紙では，「親との離別体験（死別／生別）をした子ども」と表記した。本稿では，「親との離別体験（死別／生別）をした子ども」を「喪失体験児」と表記することとする。

　また，質問紙では，喪失体験児保育の状況における質問項目のうち，（10）喪失体験児に必要な支援，（11）喪失体験児支援における困難，そして，（2）喪失体験児支援についての意識の質問項目において，"保育"ではなく"支援"という用語を用いた。その理由として，喪失体験児への対応は，子どもの保育とともに，その保護者や地域社会の人，専門職や専門機関，民間支援団体といった社会資源の活用や連携を含むためである。

## 2-4　質問紙の構成

　質問紙は，（1）喪失体験児保育の状況と，（2）喪失体験児支援についての意識を尋ねる構成とした。喪失体験児保育の状況に関する質問項目は，大曲（2017）の先行研究を参考にして作成した。ただし，大曲の調査（2017）は，「両親のいずれかが病気をした時，あるいは亡くなった時」に示す子どもの日常の変化に関するものである。本調査では，親との離別体験と死別体験の両方を対象にしたため，質問の文言を「親と離別（死別／生別）」へ改変した。また，大曲の調査（2017）における子どもの変化に関する質問項目「1. 感情の起伏が激しい，乱暴行為が多い」は，本調査では情動面と行動面を分けて，「1. 感情の起伏が激しい」，「2. 乱暴な行為」とした。また，離婚に至る背景は個別性が高く，離婚前後の条件によって，子どもに与える影響は，離婚によって好影響を受ける場合，悪影響を受ける場合，あまり影響を受けない場合がある（棚瀬，2004）ことから，肯定的な変化として「14. 表情が明るい」という項目を追加した。そして，子どもの変化の度合いの回答の選択

肢は，大曲の調査（2017）では，１極端になった，２やや極端になった，３変わらない，４以前よりも減った，の４件法であったが，本調査では，１多くなった，２やや多くなった，３変わらない，４やや少なくなった，５少なくなった，の５件法での回答とした。子どもの変化に対して保育士がとった対応の項目は，大曲の調査（2017）では７項目であったが，本調査では８項目とした。「２．抱きしめてあげる」（大曲，2017）は，多様な触れ合いを想定して「Ｂ．スキンシップをとる」へ改変した。さらに，「Ｃ．子どもに事情を尋ねる」を追加した。

　質問項目は次のとおりである。

（１）喪失体験児保育の状況
　　　①喪失体験児の保育経験の有無，②喪失体験児が離別・死別した親の続き柄，③喪失体験児に関わった時期，④親との離別・死別要因，⑤関わった喪失体験児の年齢，⑥子どもの変化とその対応，⑦喪失体験児保育を経験しての感想（自由記述），⑧保育園の対応と頻度，⑨保育園の対応における重要度及び充足度，⑩喪失体験児に必要な支援，⑪喪失体験児支援における困難
（２）喪失体験児支援についての考え
　　　①支援の担い手，②個人としての喪失体験児支援のコンピテンシー，③一般的な保育士の喪失体験児支援のコンピテンシー，④喪失体験児支援に関する研修等の受講経験，⑤支援に必要な社会資源（自由記述）
（３）回答者の属性（フェイスシート）
　　　①年齢，②性別，③取得資格，④保育者としての経験年数

## 2-5　分析方法

　多変量解析による量的分析及びユーザーローカルテキストマイニングツール（https://textmining.userlocal.jp）を用い，テキストマイニングによって明ら

かになった，スコアとワードクラウドに着目して分析した。スコアとは，単語の出現頻度だけでなく，その重要度を表す値である。ワードクラウドとは，スコアが高い単語を複数選びだし，その値に応じた大きさで図示したものである。

## 2-6　分析対象

### 2-6-1　質問項目

　本研究では，（1）喪失体験児保育の状況及び（2）喪失体験児支援に関する考えにおける自由記述は分析対象としなかった。

### 2-6-2　回答データ

　回答が得られた保育士411人のうち，有効回答の394人の回答データを分析対象とした。

## 2-7　倫理的配慮

　保育園を対象とした郵送質問紙調査は，事前に研究の目的と倫理的配慮，研究依頼の文書を郵送し，研究協力承諾書が返送された保育園へ質問紙を郵送した。質問紙の表紙に研究の目的と倫理的配慮，研究協力依頼，回答データの統計処理による匿名化，無記名での回答，質問紙への回答をもって同意とすること，また，「喪失体験」を対象とした質問紙のため，研究協力によって体調不良を起こした場合は，臨床心理士である共同研究者が対応する旨を記載し説明した。質問紙の返送は，プライバシー保護のため，回答者毎の個別の封筒と個別の封筒をまとめて郵送するための封筒を質問紙とともに同封し，郵送を依頼した。データ整理の際に個人情報を統計処理で匿名化し，得られた質問紙及びデータは鍵付きの書庫に厳重に保管した。

# 3．結果　保育士質問紙調査結果について

## 3-1　喪失体験児保育の状況

### 3-1-1　回答者の属性及び喪失体験児保育経験の有無

　回答者の属性は，女性が98.2%（387人）であった。年齢は，40代が最も多く（27.4%），次いで20代（26.4%），30代（23.9%）であった。取得資格は，保育士資格及び幼稚園免許の両方を取得した人が最も多かった（49.5%）。保育者としての経験年数は，10年以上15年未満が最も多く（21.3%），次いで5年以

**表1　回答者の属性**

n＝394

| 属性 | | ％ | 実数（人） |
|---|---|---|---|
| 年齢 | 20代 | 26.4 | 104 |
| | 30代 | 23.9 | 94 |
| | 40代 | 27.4 | 108 |
| | 50代 | 17.0 | 67 |
| | 60代 | 5.1 | 20 |
| | 70代以上 | 0.3 | 1 |
| 性別 | 男性 | 1.8 | 7 |
| | 女性 | 98.2 | 387 |
| 取得資格 | 保育士 | 49.2 | 194 |
| | 保育士・幼稚園教諭 | 49.5 | 195 |
| | 保育士・幼稚園教諭・その他 | 1.3 | 5 |
| 経験年数 | ～5年未満 | 16.0 | 63 |
| | 5年以上10年未満 | 19.8 | 78 |
| | 10年以上15年未満 | 21.3 | 84 |
| | 15年以上20年未満 | 14.2 | 56 |
| | 20年以上25年未満 | 9.9 | 39 |
| | 25年以上 | 18.8 | 74 |

上10年未満（19.8%），5年未満（16.0%）であった（表1）。

回答者の84.3%が喪失体験児を担任あるいは対応したことがあった。


### 3-1-2 喪失体験児の背景

離別・死別した親は「父」が最も多かった（67.5%）。親を失った要因は，離婚が最も多かった（80.7%）。子どもが親を失った年齢は，「2歳」が最も多く（20.2%），次いで「3歳」（19.6%）であった。回答者が喪失体験児にかかわった時期で最も多かったのは，「離別から離別後に渡って」（49.7%）であった。次いで多かったのは，「離別後3か月〜1年以内」（17.0%）と「離別後1〜2年」（16.7%）を合わせた「離別後3か月〜2年」（33.7%）で，両親が離婚後に転居し入園するケースと推測された。


### 3-1-3 子どもの変化と保育士の対応

喪失体験児にどのような変化がみられたか，情緒面，身体面，行動面の14項目をあげ，その度合いを回答してもらった。

全体的な傾向として，すべての項目において最も割合が多かったのは，「変わらない」であった。

変化の頻度である「多くなった」と「やや多くなった」を合わせると，最も多かったのは「感情の起伏が激しい」（53.7%）であった。次いで「退行」（45.2%），「登園時送ってきた人から離れられない」（37.6%），「乱暴な行為」（35.0%）であった。このような子どもの変化への保育士の対応について，テキストマイニング分析による単語出現頻度をみると，「感情の起伏が激しい」子どもへの対応でスコアが高く特徴的なのは「スキンシップをとる」（1475回）で，次いで「子どもが喜怒哀楽を出せるようにする」（803回）であった。身体的な触れ合いによる安心感を提供するとともに，情緒面への働きかけが重視されていることが特徴的であった。「退行」がみられる子ども，「登園時送ってきた人から離れられない」子ども，「乱暴な行為」がみられる子ども

にも「スキンシップをとる」対応が多かった。

### 3-1-4　子どもの変化と保育園の対応

　親との離別後に情緒や行動に変化があらわれた子どもに対し，保育園で行われている対応とその頻度について質問した。「必ず行われる」対応として最も多かったのは「職員間で情報共有」（79.8%），次いで「会議で報告」（78.0%）で，職員間だけでなく，組織全体で子どもの変化に対応していた。また，「個別的に対応」も「必ず行われる」（55.9%）頻度が高かった。一方で，「専門職による対応」は「それほど行われない」（37.7%）が最も多かった。「死別体験児支援の資料・マニュアル利用」及び「生別体験児支援の資料・マニュアル利用」は「全く行われない」（52.6%）（52.4%）が最も多かった。専門職や専門知識の活用の頻度はあまり高くなく，通常の保育体制において対応している保育園が多かった。

### 3-1-5　喪失体験児支援の重要度と充足度

　喪失体験児に必要な支援の重要度と，保育園における支援の充足度を質問した。

　「1．本人への個別支援（遊びや活動など）」は，「とても重要」が最も多く，充足度は「ほぼ得られている」が最も多かった（73.1%）。

　「2．本人への集団支援（友人を含めての支援：遊び，話し合い，グループワークなど）」は，「重要」が最も多く（55.9%），充足度で最も多かったのは「ほぼ得られている」（59.2%）であった。

　「3．家族への個別支援（話し合い，専門家や関係機関との連携など）」は，「とても重要」が最も多く（52.8%），充足度は「ほぼ得られている」（54.1%）であった。

　「4．保育士への支援（研修会，個別相談，ワークショップなど）」は，「とても重要」（30.1%）と「重要」（62.6%）を合わせるとほとんどの回答者が保育士へ

40　第1部　喪失体験をもつ子どもへの支援についての意識調査

の支援の必要性を感じているが，充足度は「あまり得られていない」（49.4%）が最も多かった。

　「5．地域社会への働きかけ（民生委員，児童委員との連携など）」は，「重要」（61.6%）が最も多いが，充足度は，「あまり得られていない」が多かった（53.9%）。

　「6．社会・行政への働きかけ（制度の提案など）」は，「重要」が最も多く（58.9%），充足度は「あまり得られていない」が最も多かった（53.9%）。

　「7．地域の社会資源に働きかけ（死別・生別体験児支援団体等との連携）」は，「重要」（63.5%）で，充足度は「あまり得られていない」が最も多かった（58.6%）。

　保育園内での喪失体験児やその家族への個別支援が重視され，充分に行われているが，保育士自身への支援は必要性を感じながらもあまり充足されていない現状がみられた。また，地域社会との連携や社会資源の活用は，重要度は高いもののあまり活用されていなかった。

### 3-1-6　喪失体験児支援における困難

　喪失体験児の支援に関して困難だと感じたことを9項目あげ，該当するものすべて選んでもらった。困難だと感じたことで最も多かったのは，「専門知識の不足」であった（52.7%）。次いで「家庭への対応がわからない」（44.9%），「支援に必要な情報が無い」（33.7%）であった。通常の保育のなかで喪失体験児に個別に対応しつつも，喪失体験に関する専門知識の必要性を感じている人が多かった。また，喪失体験児の家庭への対応に困惑を感じている人が多かった。

## 3-2　喪失体験児支援に関する考え

### 3-2-1　喪失体験児の支援はどうあるべきか

　喪失体験児への支援のあり方を，「A．支援は保育士が行うべきである」，

「B．専門機関や専門職が行うべきである」，「C．子どもに身近な人（家族，友人知人，近隣）が行うべきである」，「D．その他」の4項目とし，その度合いを「1．そう思う」，「2．ややそう思う」，「3．あまりそう思わない」，「4．そうは思わない」の4件法で質問した。

　「そう思う」の割合が最も多かったのは，「支援は身近な人（家族・友人知人・近隣）が行うべきである」であった（46.7%）。次いで，「専門機関や専門家が行うべきである」（30.0%）であった。「保育士が行うべきである」に対して「そう思う」は22.9%であった。

## 3-2-2　喪失体験児支援のコンピテンシーについての考え

　個人として，また，一般的に保育士が喪失体験児支援ができると思うか否かを質問した。

### 3-2-2-1　個人として保育士として喪失体験児支援を行うことができるか

　個人として，喪失体験児の支援を行うことができると考えるか，という質問について，「1．そう思う」，「2．ややそう思う」，「3．あまりそう思わない」，「4．そうは思わない」の4件法で答えてもらった。

　個人として，保育士として喪失体験児の支援を行うことができるかという質問に対して，「そう思う」は17.1%に留まった。最も多かったのは「ややそう思う」で58.6%であった。

### 3-2-2-2　一般に保育士は喪失体験児支援を行うことができるか

　一般に，保育士は喪失体験児の支援を行うことができると考えるか，という質問について，「1．そう思う」，「2．ややそう思う」，「3．あまりそう思わない」，「4．そうは思わない」の4件法で答えてもらった。

　一般に，保育士は喪失体験児の支援を行うことができるかという質問に対して，「そう思う」18.7%に留まった。最も多かったのは，「ややそう思う」

で60.1%であった。

### 3-2-3 喪失体験児支援に関する研修受講の有無について

喪失体験児支援に関する研修の受講の有無については，「受講経験が無い」が98.5%であった。

## 4．考察

## 4-1 結果からみた保育士の取り組みと子どもの「あいまいな喪失」体験への支援の必要性

保育園における喪失体験児保育の現状と，喪失体験児支援に関する意識について質問した。その結果，保育士の多く（84.3%）は，離婚による親との離別体験すなわちあいまいな喪失体験をした子どもの保育経験があり，通常の保育において，喪失体験児にみられた情緒や行動面の変化に気づき，スキンシップを中心とした個別援助を行うとともに，感情の表出を促すといった情緒面への働きかけ，つまり養護（ケア）を重視した保育を行っていた。さらに，職員間の情報共有や会議をもつなどの組織的対応をとっていた。しかるに専門性を生かした保育を行う一方で，喪失体験児の支援を保育士が担うべきと考える人は少なく，保育士としての喪失体験児支援に関するコンピテンシーの不足を感じており，喪失体験児保育における保育士の実践と意識に乖離がみられた。その要因として挙げられたのは，子どもの家庭への対応及び親との離別体験をした子どもの対応に関する専門知識の不足と，保育士への支援が十分でないことであった。喪失体験児保育の現状とその課題，対応策が具体的に提示された結果となった。

## 4-2　先行研究との比較から明らかになったこと

　本調査は大曲（2017）の調査を発展させたものである。この先行研究と比較すると本研究では，保育士の子どもの変化への対応はスキンシップが最も多く，施設としては情報共有や会議などが行われているという従来の知見に加え，（1）喪失体験児保育に従事する保育士自身への支援，つまり支援者支援の必要性を訴えていた，（2）喪失体験児支援における専門知識の必要性を訴えていた，（3）喪失体験児の家庭への対応に困惑を感じていた，（4）保育士が喪失体験児支援を担うべきと考える人は少なかった，（5）個人及び保育士の喪失体験児支援のコンピテンシーに不足を感じている人が多かった，という5点が明らかになった。

## 4-3　現職および保育学生の「あいまいな喪失」体験支援教育プログラムの必要性

　本研究の保育所保育における実践的意義とは，（1）喪失体験児保育を担っている保育士への支援の必要性である。喪失体験児支援に関する専門知識とスキルを学ぶ機会や，専門家の助言・指導を受ける機会を設けることが必要である。そして，（2）喪失体験児保育に関する専門知識の不足への対応である。とりわけ"あいまいな喪失"概念の理解は，喪失体験児の理解と援助の検討に有効である。

　以上のことから，保育士の現職研修及び養成課程において，子どもの喪失体験，特にあいまいな喪失に関する専門知識や援助のスキルについて学ぶカリキュラムを計画し，実施することが必要である。加藤ら（2019）の学生への心理教育実践や，加藤ら（2020）の保育士向けのワークショップはその一つの試みである。

　心理教育は，「将来，起こり得る問題を予測し，それを防ぐ予防的役割（井上ら，1997）」を持つ。したがって，親と離別した子どもの"あいまいな喪失"

体験の理解と対応に苦慮している現状に適切な研修および教育の枠組みであると考える。また，子どもの"あいまいな喪失"体験の理解と援助には，専門知識とスキルとともに"気づき"が必要となる。心理教育における"気づき"とは，「今，ここで」「なるほどそうなのだ！」という洞察の経験（井上ら，1997）である。子どもにとって親と離別する"あいまいな喪失"体験と，そこからのリカバリーがいかなる体験なのか，その意味の体験的理解も求められるのである。そして，気づきとはその人自身の発達を意味する。保育士が専門職としての自分自身の発達も視野に入れることが不可欠である。

このような新しい保育士への現職教育及び保育学生のための教育カリキュラムのための基礎的な知見として本研究の結果の創造的活用が望まれる。

今後の課題としては，本研究の進行過程で全世界がパンデミックの強烈な影響に見舞われている。そこで問題になるのは，新しい形の「あいまいな喪失」の実態把握および対処方法である。

## 4-4 本研究の理論的意義：小児期逆境体験としての親の離婚とトラウマインフォームドケア

「両親の離婚」は，「小児期逆境体験（adverse childhood experiences：以下，ACEs）」のひとつである。ACEsは，虐待的養育カテゴリーと家庭の機能不全カテゴリーの8項目の指標からなる（菅原，2019）。ACEsの体験の累積が精神疾患，身体疾患の有病率を高めるのみならず早期の死亡につながり，ACEsが生涯に渡って影響を与えることが明らかにされている（中村・岩切，2019）。さらに，これらの人たちを支援する医療・保健福祉・教育・司法領域におけるサービスそのものが再トラウマの原因になっている（亀岡，2019）。笠原（2019）は例として，精神科医療における隔離拘束や強制的な対応・医療における侵襲的な処置・児童福祉制度における虐待家族からの子どもの急な分離・教育や社会的養護のもとでの厳しい規律の実行・刑事司法における脅迫的行為をあげている。

この課題に対応するために発展してきたのがトラウマインフォームドケア（trauma-in-formed care：以下，TIC）の概念である（亀岡，2019）。野坂（2019）によると，TICとは，トラウマの知識を持ってかかわることで，対人援助においては，対象者にトラウマ歴があるかもしれないという前提で対応することであり，従来「トラウマケア」と呼ばれてきた専門的なセラピー（治療や心理療法）とは異なり，対象者自身を含むすべての人がトラウマを認識することで，無理解や誤解に基づく再トラウマ（re-traumatization）を防ぐことができる。

TICの医療（川野，2019；上田，2019）や学校教育（中村・岩切，2019）への導入が提唱されている。野坂（2019）は，虐待によるトラウマ経験がある子どもの理解と支援に有用であり，児童福祉における被虐待児の対応をTICの観点から見直す必要があることを指摘している。

本研究によって，離婚による親との離別体験をした子どもへの専門的な対応の必要性と，現職保育士と保育学生への"あいまいな喪失"体験児支援の教育プログラムの必要性が可視化されたことは，今後の保育分野におけるACEsおよびTICの導入の観点から理論的意義があるといえよう。

### 謝辞

本研究は，JSPS科研費17K04297及び静岡県立大学短期大学部令和2年度教員特別研究推進費（独創的・先進的研究）の助成を受けました。またJSPS科研費20K02287の恩恵も受けました。本研究の調査にご協力いただきました保育士の皆様に心より感謝申し上げます。

### 付記

本研究は，2019年度日本応用心理学会第86回大会でのポスター発表\*に加筆したものである。

\*加藤恵美・いとうたけひこ・井上孝代（2019）あいまいな喪失を体験した子どもへ

の保育士による支援の実態と課題—質問紙調査の量的分析結果から—．日本応用心理学会第86回大会発表論文集（日本大学），46.

## 文献

赤木和重（2017）気になる子の理解と保育—創造の保育に向けて—．発達，149，18-23.

Boss, P.（2005）「さよなら」のない別れ　別れのない「さよなら」—あいまいな喪失—（南山浩二，訳）．学文社．(Boss, P.（1999）. *Ambiguous loss: Learning to live with unresolved grief*. Harvard University Press.)

Boss, P.（2015）あいまいな喪失とトラウマからの回復—家族とコミュニティのレジリエンス—（中島聡美・石井千賀子，監訳）．誠信書房．(Boss, P.（2006）. *Loss, trauma, and resilience: Therapeutic work with ambiguous loss*. W W Norton & Co.)

平木典子（2012）離婚・関係の解消による喪失．精神療法，38(4)，47-51.

井上孝代・田中共子・鈴木康明（1997）異文化間臨床心理学序説．多賀出版.

亀岡智美（2019）トラウマインフォームドケアと小児期逆境体験．精神医学，61(10)，1109-1115.

笠原麻里（2019）小児期逆境体験と発達性トラウマ障害．精神医学，61(10)，1173-1178.

加藤恵美・井上孝代・いとうたけひこ（2020）保育所保育士の"喪失体験児保育"に関する意識—ある保育研究会における事例検討を通して—．マクロ・カウンセリング研究，13，2-20.

加藤恵美・いとうたけひこ・井上孝代（2018）離婚後の子どもの"荒れ"への保育—〈あいまいな喪失〉の一事例—．日本カウンセリング学会第51回大会発表論文集，65.

加藤恵美・岡本悠・日高共子・井上孝代・いとうたけひこ（2019）親を失った子どもの喪失体験に関する講義とワークショップ—社会福祉学科学生を対象とした授業実践の試み—．マクロ・カウンセリング研究，12，2-15.

加藤純（2012）虐待と曖昧な喪失—親子分離から家族再統合へ—．精神療法，38(4)，473-478.

川野雅資（2019）日本へのトラウマインフォームドケアの導入．精神医学，61(10)，1117-1125.

鯨岡峻（2017）『気になる子』から『配慮の必要な子』へ．発達，149，2-6.

小林朋子・伊藤未来（2016）大切な人を亡くした子どもに対する教師の戸惑いとその対応について．静岡大学教育学部研究報告（人文・社会・自然科学篇），66，55-67.

厚生労働省（2017）保育所保育指針　平成29年告示．フレーベル館.

厚生労働省（2018）保育所保育指針解説　平成30年3月．フレーベル館.

南山浩二（2012）あいまいな喪失―存在と不在をめぐる不確実性―．精神療法，38(4)，455-459.

永井亮（2008）日本の児童養護施設における「死別を体験した子どもたち」への専門的支援の必要性―米国の「ダギー・センター」と日本の「あしなが育英会」の実践を参考に―．ルーテル学院研究紀要，42，97-112.

中村有吾・岩切昌宏（2019）トラウマセンシティブスクール―全児童生徒の安心感を高めるアプローチ―．精神医学，61(10)，1135-1142.

野坂祐子（2019）児童福祉におけるトラウマインフォームドケア．精神医学，61(10)，1127-1133.

小田切紀子・野口康彦・青木聡（2017）家族の心理―変わる家族の新しいかたち―．金剛出版.

大曲睦恵（2017）子どものグリーフの理解とサポート．明石書店.

汐見稔幸・無藤隆（2018）〈平成30年施行〉保育所保育指針　幼稚園教育要領　幼保連携型認定こども園教育・保育要領　解説とポイント．ミネルヴァ書房.

庄司順一・奥山眞紀子・久保田まり（2008）アタッチメント―子ども虐待・トラウマ・対象喪失・社会的養護をめぐって―．明石書店.

菅原ますみ（2016）親の離婚を経験する子どもたちの受ける影響及び子どもや親に対する専門的支援の在り方．家庭の法と裁判，5，6-10.

菅原ますみ（2019）小児期逆境体験とこころの発達―発達精神病理学の近年の研究動向から―．精神医学，61(10)，1187-1195.

高橋聡美・川井田恭子・佐藤利憲・西田正弘（2014）わが国における子どものグリーフサポートの変遷と課題．グリーフケア，3，45-65.

棚瀬一代（2004）離婚の子どもに与える影響―事例分析を通して―．京都女子大学現代社会研究，6，19-37.

上田英一郎（2019）身体疾患とトラウマインフォームドケア―小児期逆境体験としてのアトピー性皮膚炎の理解―．精神医学，61(10)，1143-1149.

User Local（2021）AIテキストマイニング．https://textmining.userlocal.jp（情報取得2019/2/7）

48　第1部　喪失体験をもつ子どもへの支援についての意識調査

## 付録　質問紙

### 〈親と離別したときに見られる子どもの日常の変化および
### 子どもの支援に関するアンケート〉

Ⅰ．両親のいずれかと死別，または生別（離婚など）した子どもが示す変化と，あなたの子どもへ
の対応について伺います。

1-1　あなたが，そのような子どもを担任あるいは対応したことがありますか。

　　1．ある　→このページの下の質問へお進みください。
　　2．ない　→7ページへお進みください。

そのような子どもと関わられたケースの中から，最も印象が強い一人の子どもを思い浮かべて，お
答えください。

1-2　そのお子さんは，どちらの親と離別されましたか。該当する番号に○をつけてください。

　　1．父
　　2．母
　　3．両親

1-3　そのお子さんが，親と離別（死別／生別）してからどのくらいの時期に関わられましたか。
　　　該当する番号に○をつけてください。

　　1．離別する前から離別した後に渡って
　　2．離別した直後（3か月以内）
　　3．離別してから3か月～1年以内
　　4．離別してから1～2年
　　5．それより後

1-4　そのお子さんの親との離別要因はどれですか。該当する番号に○をつけてください。

　　1．離婚
　　2．病死
　　3．事故死
　　4．自死（自殺）
　　5．その他（　　　　　　　　　　　　　　　　　　　）

1-5　関わられた当時のそのお子さんの年齢を教えてください。（　　　　）歳

第2章　親の離婚を体験した子どもの支援に関する保育士の意識調査　　49

1-6　そのお子さんの「変化の度合い」は該当するものに 1 つだけ○を，「あなたの対応」については対応の項目群の中から該当する記号をいくつでもご記入ください（複数回答可）。

> 対応の項目群
> A．子どもが，喜怒哀楽を出せるようにする
> B．スキンシップをとる
> C．子どもに事情を尋ねる
> D．家族と話をする
> E．小児科等の専門機関や専門職に連絡する
> F．見守る
> G．子どもからの質問に答える
> H．その他

| 変化項目 | 変化の度合い<br>1＝多くなった<br>2＝やや多くなった<br>3＝変わらない<br>4＝やや少なくなった<br>5＝少なくなった | 対応<br>上記の対応の項目群A〜Hより選び記号を書いてください（複数回答可） |
|---|---|---|
| 1．感情の起伏が激しい | 1　2　3　4　5 | |
| 2．乱暴な行為 | 1　2　3　4　5 | |
| 3．身体的な影響（おねしょ，おもらし，摂食障害，寝付けない，中途覚醒など） | 1　2　3　4　5 | |
| 4．遅刻・欠席 | 1　2　3　4　5 | |
| 5．行事への不参加 | 1　2　3　4　5 | |
| 6．友達と遊ばない | 1　2　3　4　5 | |
| 7．落ち着きがない | 1　2　3　4　5 | |
| 8．良い子でいないとだめなんだ，と言う，または思っている | 1　2　3　4　5 | |
| 9．親との離別は自分のせいだ，と言う，または思っている | 1　2　3　4　5 | |
| 10．無気力 | 1　2　3　4　5 | |
| 11．登園時，送ってきた人から離れられない | 1　2　3　4　5 | |
| 12．赤ちゃん返り（指しゃぶり，一人でいることを嫌がる，できることをやってもらいたがる，スキンシップを求めるなど） | 1　2　3　4　5 | |
| 13．何事もないかのようにふるまう | 1　2　3　4　5 | |
| 14．表情が明るい | 1　2　3　4　5 | |

1-7　そのお子さんを支援した経験を通して，どのようなことを思いますか。ご自由にお書きください。

50　第1部　喪失体験をもつ子どもへの支援についての意識調査

Ⅱ．親との離別体験（死別／生別）をした子どもへの保育所での支援と，あなたのお考えについて伺います。

2-1　親との離別体験（死別／生別）をした子どもに対し，職員に周知されている対応や支援はありますか。その頻度について該当する番号に○をつけてください。

| 対応項目 | 頻度<br>1＝必ず行われる<br>2＝時々行われる<br>3＝それほど行われない<br>4＝全く行われない |
|---|---|
| 1．会議で報告 | 1　2　3　4 |
| 2．職員間で情報共有 | 1　2　3　4 |
| 3．専門職による対応 | 1　2　3　4 |
| 4．親との死別体験をした子どもについての資料やマニュアルの利用 | 1　2　3　4 |
| 5．離婚など親との生き別れ体験をした子どもについての資料やマニュアルの利用 | 1　2　3　4 |
| 6．個別に対応 | 1　2　3　4 |
| 7．その他（　　　　　　　　　　　　） | 1　2　3　4 |

2-2　親との離別体験（死別／生別）をした子どもに関して，どのような支援があればいいと思いますか。また，あなたの保育所では，そのような支援を子どもとその家族は得られていると思いますか。重要度と充足度のそれぞれについて該当する番号に○をつけてください。

| 支援項目 | 重要度<br>1＝とても重要<br>2＝重要<br>3＝あまり重要でない<br>4＝全く重要でない | 充足度<br>1＝充分得られている<br>2＝ほぼ得られている<br>3＝あまり得られていない<br>4＝全く得られていない |
|---|---|---|
| A．本人への個別支援（遊び，活動など） | 1　2　3　4 | 1　2　3　4 |
| B．友人を含めての支援（遊び，話し合い，グループワークなど） | 1　2　3　4 | 1　2　3　4 |
| C．家族への個別支援（話し合い，専門家や関係機関との連携など） | 1　2　3　4 | 1　2　3　4 |
| D．保育士への支援（研修会，個別相談，ワークショップなど） | 1　2　3　4 | 1　2　3　4 |
| E．地域社会に働きかけ（民生委員・児童委員等との連携など） | 1　2　3　4 | 1　2　3　4 |
| F．社会・行政に働きかけ（制度の提案など） | 1　2　3　4 | 1　2　3　4 |
| G．地域の社会資源に働きかけ（死別・生別体験児支援団体等との連携） | 1　2　3　4 | 1　2　3　4 |

第2章　親の離婚を体験した子どもの支援に関する保育士の意識調査　51

**2-3**　親との離別体験（死別／生別）をした子どもの支援のために，あなたが必要だと思うことは何ですか。下記の項目群から該当する番号を選択し，A～Gの（　）内に<u>いくつでもご記入ください（複数回答可）</u>。

　支援のために必要な項目群

> 　1．家庭状況の把握　2．時間的な余裕　3．専門知識の向上　4．支援するための情報やリソース（研修会や勉強会等）　5．関係機関との連携　6．専門家からのアドバイス　7．支援者への心のケア　8．特にない

　　A．本人への個別支援（遊び，活動等）を行う（　　　　　　　　）
　　B．友人を含めての支援（遊び，話し合い，グループワーク等）（　　　　　　　　）
　　C．家族への個別支援（話し合い，専門家や関係機関との連携等）（　　　　　　　　）
　　D．保育士への支援（研修会，個別相談，ワークショップ等）（　　　　　　　　）
　　E．地域社会に働きかけ（民生委員・児童委員等との連携）（　　　　　　　　）
　　F．社会・行政に働きかけ（制度の提案等）（　　　　　　　　）
　　G．地域の社会資源に働きかけ（死別・生別体験児支援団体等）（　　　　　　　　）

**2-4**　親との離別体験（死別／生別）をした子どもの支援に関して，困難だと感じたことを<u>全て選んで番号に○をつけてください（複数回答可）</u>。それ以外にあれば，「その他」の欄にご記入ください。

　　1．家庭の状況について情報がなかった
　　2．個別に対応する時間が取れなかった
　　3．専門知識の不足
　　4．家庭の状況に対し，どのように対応したら良いかわからなかった
　　5．支援するための具体的な情報やリソースがなかった
　　6．どこと連携したら良いのか分からなかった
　　7．心理的に負担であった
　　8．誰に相談したら良いのか分からなかった
　　9．個人情報保護の観点から，支援に制限があった
　　10．その他（　　　　　　　　　　　　　　　　）

52　第1部　喪失体験をもつ子どもへの支援についての意識調査

Ⅲ．親との離別体験（死別／生別）をした子どもの支援について，あなたのお考えを伺います。

3-1　親との離別体験（死別／生別）をした子どもへの支援はどうあるべきだと思いますか。<u>あなたのお考えに該当する番号に○をつけてください</u>。それ以外にあれば「その他」欄にご記入ください。

| 支援のあり方 | 度合い<br>1＝そう思う<br>2＝ややそう思う<br>3＝あまりそう思わない<br>4＝そうは思わない | | | |
|---|---|---|---|---|
| A．支援は，保育士が行うべきである | 1 | 2 | 3 | 4 |
| B．支援は，専門機関や専門家が行うべきである | 1 | 2 | 3 | 4 |
| C．支援は，子どもに身近な人（家族，友人知人，近隣）が行うべきである | 1 | 2 | 3 | 4 |
| D．その他（　　　　　　　　　　　　　　　　　　　　　　） | 1 | 2 | 3 | 4 |

3-2-1　保育士として<u>あなたは</u>親との離別体験（死別／生別）をした子どもへの支援を行うことができますか。あなたのお考えに該当する番号に○をつけてください。

　1．そう思う
　2．ややそう思う
　3．あまりそう思わない
　4．そうは思わない

3-2-2　<u>一般に</u>保育士は親との離別体験（死別／生別）をした子どもへの支援を行うことができますか。あなたのお考えに該当する番号に○をつけてください。

　1．そう思う
　2．ややそう思う
　3．あまりそう思わない
　4．そうは思わない

3-3　これまで，親との離別体験（死別／生別）をした子どもの支援に関する研修を受けたことはありますか。<u>該当する番号に○をつけてください</u>。

　1．ある　→次のページの3-4へお進みください。
　2．ない　→次のページの3-5にお進みください。

第 2 章　親の離婚を体験した子どもの支援に関する保育士の意識調査　53

3-4　あると答えた方にお尋ねします。それはどのような研修でしたか。

3-5　親との離別体験（死別／生別）をした子どもの支援に関して，支えとなる制度やリソースにはどのようなものがあるとよいでしょうか。ちょっとしたことでかまいません。ご自由にお書きください。

Ⅳ. あなたご自身のことをお伺いします。該当する番号に○をつけてください。

4-1　**年齢**　　1．20代　2．30代　3．40代　4．50代　5．60代　6．70代以上

4-2　**性別**　　1．男性　2．女性

4-3　**取得資格**　　1．保育士　2．幼稚園教論　3．その他（　　　　　　　　　　）

4-4　あなたの<u>保育者としての経験年数</u>を以下から選び１つに○をつけてください。保育所以外（幼稚園，児童福祉施設など）でのご経験がある場合は年数を合計してお答えください。

　1．１年末満
　2．１年以上３年未満
　3．３年以上５年未満
　4．５年以上10年末満
　5．10年以上15年未満
　6．15年以上20年未満
　7．20年以上25年未満
　8．25年以上

〈ご協力，誠にありがとうございました〉

# 第3章 親との離別という "あいまいな喪失" 体験を した保育園児へのパンデミック下での 心理社会的支援の課題

キーワード：パンデミック，離婚，保育園児，あいまいな喪失，心理社会的支援

## 1．コロナ下での日本社会の変化と現状

### 1-1 日本社会の変化

　新型コロナウイルスのパンデミックによってそれ以前の社会と生活は失われた。

　日本では2020年1月16日に新型コロナウイルスの最初の患者の発生が報告された（厚労省，2020）。いまだ感染拡大の終息が見えないなかで，生活は大きく変わった。感染防止対策として外出自粛要請がなされ，マスクの着用と対人間の距離を取ることが生活上の必須の行動となった。感染防止対策を取ることは，健康を守ることであり，同時にこれまでの "普通の生活" を失うことであった。人と対面することは困難となり，労働と教育は在宅でICT機器を用いる形態へと変わらざるを得なくなった。大勢の人が集まることを避けるため，音楽や映画をはじめとする芸術家の活動は制限され飲食業には休業要請がなされた。とりわけ対人間で一定の距離を保つことは，常に自分と周囲の人との位置と距離を確かめ近づかないことに意識を向けることである。それは自分が生活する世界への安心感を失うことでもあった。これも喪失と言えるのではないだろうか。

　ポーリン・ボスは "あいまいな喪失" を提唱している。喪失自体がはっき

りしない，解決することも終わらせることもできない喪失体験のことである（Boss, 1999/2005）。災害グリーフサポートプロジェクトのホームページ「あいまいな喪失」情報サイトには，「あいまいな喪失理論」を感染症流行に役立てるためにと題したPaulin Boss博士からの緊急メッセージ（2020）が掲載されている。「今，世界中の人々が，新型コロナウイルスのパンデミックの中で，先の見えない不安の中にいます。この流行による不確かさは，ビジネス，コミュニティ，家族，個人など，さまざまなレベルで起こっています。例えば，外にでる自由の喪失，生活のコントロール感の喪失，いつも通りの人間関係の喪失，金銭的・経済的な喪失，安全性の喪失，家族や友人との物理的な接触の喪失，コンサートに行ったり，カフェでくつろいだりといった機会の喪失，など広範囲です。これらはすべて「あいまいな喪失」と呼ぶことができます。」と述べている。そして「私たちはこのような不確実な状況の中で，そのストレスを和らげる必要があります。」「コントロールがきかない現在の状況の中でも，何が自分に役立つのかを自分自身で考え，実践することで，コントロール感を少しずつ高めていくことができます。」「この現実に対処するためには，それぞれの人たちに創造性と想像力が必要です。」（Boss, 2020）とどのようにこの状況を捉えて対応すればよいのかを提示している。

## 1-2 日本社会の現状

　パンデミックは子どもの心と生活に大きな影響を与えている。

　パンデミックによる社会環境及び生活の様式並びに社会関係のあり方の変化による影響は多大である。外出自粛による業績悪化での企業の倒産，企業の業績悪化や倒産による失業，失業による経済的困窮，感染の恐怖や社会関係の喪失などによる精神的な不調，外出自粛と在宅勤務による女性の家事・育児・介護労働の負担が増加し，家庭内暴力そして女性と子どもの自殺が増加した。

第3章　親との離別という "あいまいな喪失" 体験をした保育園児への……　57

このうち家庭内暴力は，内閣府（2021）の報告書によると，「現在，コロナ下の生活不安やストレス，外出自粛による在宅時間の増加等によりDV相談件数が増加しており，女性に対する暴力の増加や深刻化が懸念されている。」とし，「コロナ下で，これまで見過ごされてきた精神的な暴力，経済的な暴力があぶり出されてきた。」と分析している。そして，子どもの声を電話やチャットで受けるNPO法人チャイルドライン支援センターには不安や悩みを打ち明ける子どもたちが多いという（毎日新聞，2021）。両親の不和や親の収入の減少など子どもの置かれている状況は厳しい。

## 2．子どもへの影響と援助の必要性：あいまいな喪失の観点から

### 2-1　日本の離婚件数と親が離婚した子どもの人数

パンデミック下で離婚件数は減少傾向にあるが，親が離婚した子どもの人数は約21万人（厚労省，2019）に上る。

厚生労働省の人口動態統計（2021）によると，2020年1月から12月の離婚件数（193,251組）は前年同期間（208,489組）と比較して7.3%の減少であった（図1）。しかし家庭内暴力の相談件数が増加しており，暫時潜在化している可能性が推測される。2019年の人口動態統計（厚労省，2019）では，子ども（20歳未満の未婚の子）がいる離婚件数は全離婚件数の56.9%を占めており，親が離婚した子ども（20歳未満の子）は約21万人であった。

### 2-2　親の離婚と子どもへの影響

親の離婚は子どもにとっても "あいまいな喪失" 体験になり得ること，保育士をはじめとした専門職による心理社会的支援が必要であることが指摘されている。

離婚は夫婦にとってだけでなく子どもも同様に "あいまいな喪失" 体験に

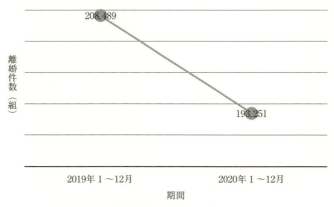

図1　2019年と2020年の離婚件数（組）

なることがある（平木，2012）。ポーリン・ボスが提唱する"あいまいな喪失"とは，喪失自体がはっきりしない，解決することも終わらせることもできない喪失体験のことである（Boss, 1999/2005）。"あいまいな喪失"には2つのタイプがある（Boss, 1999/2005）。第1のタイプは身体的には存在していないが心理的には存在している状態である。第2のタイプは身体的には存在しているが心理的には存在していない状態である。離婚による親の不在は第1のタイプに該当する。ボスは，離婚はそれ自体が問題ではないが，離婚に伴って生じるあいまいで未解決な喪失が問題であるとし，親が何が失われたのかを同定し，生活の中で継続している繋がりを同定しつつ，それを哀悼することが子どもにとって健全なアプローチであると述べている（Boss, 1999/2005）。平木（2012）によると，離婚には，死や意識喪失の状態とは異なった複雑な喪失のプロセスがあり，その体験は，関係にコミットしたカップルだけでなく，子どもと親にもあいまいな喪失体験になり得る。

　離婚紛争における子どもへの支援の課題として菅原（2016）は，子どもにとって両親の離婚は，当事者である親以上に大きな出来事（ライフイベント）となることから，離婚前後のネガティブな影響をできるだけ軽減し，よりポ

ジティブな子どもの人生のスタートの契機となることを目指した親や専門職（保育士や教師，手続き代理人，弁護士や家庭裁判所の調停委員・調査官・裁判官・カウンセラーやソーシャルワーカー等）の"関り"が求められると指摘している。

　このように親の離婚による子どもへの影響が明らかとなっており，専門職による心理社会的な支援の必要性が認められている。しかし，児童福祉，特に子どもと生活を共にし成長発達の援助を担う保育分野において両親の離婚を体験した子どもへの援助のあり方については未検討である。

## 3．親との離別体験をした子どもの支援と保育士の専門性

### 3-1　親との離別体験をした子どもへの支援に関する先行研究

　先行研究で子どもがアタッチメント対象を失うことによる影響と具体的な心理社会的支援の方策が明らかとなっている。

　両親の離婚による親との離別体験は子どもにとって異常な事態である（加藤ら，2021）。小田切ら（2017）は，親が離婚した子どもは数が多いにもかかわらず支援が手つかずであり，もっと注目すべきと指摘している。守られるべき子どもが守ってもらえるはずのアタッチメント対象を失うことは，子どもの生き残りにとっては死の危険もあるほどの一大事である（庄司ら，2008）。そのアタッチメント対象とのかかわりを断念して新しいアタッチメント関係を構築する作業は相当の苦痛を伴うものであり，支援が必要になることが多い（庄司ら，2008）。そして子どもが親との離別という喪失体験の理解や意味づけをしていくことが精神的自立に必要である（加藤ら，2021）。したがって今ここの課題として，保育士の支援の一環として喪失の問題を位置づけていく必要がある（加藤ら，2021）。

　庄司ら（2008）はアタッチメント対象を喪失した子どもへ4つの支援をあげている。1つ目は周囲の大人へのガイダンスをあげている。子どもが常に

60 第1部 喪失体験をもつ子どもへの支援についての意識調査

一緒にいて守ってもらえる他のアタッチメント対象に対する支援が最も重要であると述べている。2つ目は子どもへの直接の支援である（庄司ら，2008）。低年齢の子どもは個別支援が望ましい。子どもに起きる反応は当然であることを理解させること，そのうえで子どもが喪失体験とそれに伴う痛みを表出し，過去の関係性をストーリーとして表現して，記憶の中に位置づけ，罪悪感を持つことなく新たなアタッチメント対象を求められるように支援する必要がある。低年齢の子どもでは，遊びのなかの表現を利用することと述べている（庄司ら，2008）。さらに家族全体への支援と，生活への支援である。特に生活面では経済的な問題や転居，離別の場合は裁判に巻き込まれることがあるため，新しい環境への適応支援に加え，現実的な問題に対応するソーシャルワークが大切になることがあるとしている（庄司ら，2008）。

## 3-2　保育士の専門性：保育所保育指針から

保育士はアタッチメント対象を喪失した子どもへの直接援助と周囲の大人へのガイダンスの役割を担える専門性を備え，日常生活で支援を行える専門職である。

菅原（2016）が指摘したように保育士は親との離別体験をした子どもへの支援を担うことができる専門職である。その根拠は保育所保育指針と倫理綱領にみてとれる。

日本の保育のガイドラインである保育所保育指針（厚労省，2017；以下，指針）には，保育の目標は「子どもが現在を最も良く生き，望ましい未来をつくり出す力の基礎を培う」こととあり，子どもが今を生きることと将来自立して生きていくことの両方を見据えた保育を行うことが保育士の役割である。そして，子どもの保育は養護と教育を一体的に行うことと記されている。保育所は教育機能を担うとともに，保育所保育の基盤として養護を重視している。養護は保育士による子どもの生命の保持と情緒の安定を図る働きかけのことであり，保育の原理である。なかでも情緒の安定とは具体的には，「一

人一人の子どもの置かれている状態や発達過程などを的確に把握し，子どもの欲求を適切に満たしながら，応答的な触れ合いや言葉がけを行う」「一人一人の子どもの気持ちを受容し，共感しながら，子どもとの継続的な信頼関係を築いていく」「保育士等との信頼関係を基盤に，一人一人の子どもが主体的に活動し，自発性や探索意欲などを高めるとともに，自分への自信をもつことができるよう成長の過程を見守り，適切に働きかける」ことである。

　また，指針の解説書（厚労省，2018）第3章健康及び安全には，事故防止及び安全対策のひとつとして，事故の発生に備えて施設内外の点検や訓練の実施と不審者侵入等の不測の事態への備えとともに，子どもが緊急事態を体験した場合の心的外傷後ストレス障害（Post Traumatic Stress Disorder；以下，PTSD）も想定し精神保健面への対応に留意することが示されている。

　さらに第4章子育て支援（厚労省，2018）は「外国籍など，特別な配慮を必要とする家庭の場合には，状況等に応じて個別の支援を行うよう努めること」とし，ひとり親家庭の保護者の子育ての不安や生活面の問題の把握と個別支援の必要性をあげている。特に子どもや子育てについての知識がないために適切な関り方や育て方がわからない，あるいは身近に相談や助言を求める相手がおらず子育てに悩みや不安を抱く保護者には，保育の専門性を生かすとともにソーシャルワークやカウンセリング等の知識や技術を用いることの有効性が記されている。

　そして保育士の倫理綱領（柏女ら，2009）では，8つの専門的価値が示されている。1．子どもの最善の利益の尊重，2．子どもの発達保障，3．保護者との協力，4．プライバシーの保護，5．チームワークと自己評価，6．利用者の代弁，7．地域の子育て支援，8．専門職としての責務である。項目1，2，6の具体的な内容は，「子どもの最善の利益を第一に考えること」，「養護と教育が一体となった保育を通して心身の健康と情緒の安定した生活環境を用意すること」，「子どものニーズを受けとめ，子どもの立場に立ってそれを代弁する」と謳っている。

このように保育士は，既述の庄司ら（2008）によるアタッチメント対象を
喪失した子どもへの直接の支援と周囲の大人へのガイダンスといった役割を
担うにふさわしい専門性を備えており，なおかつ日常生活において支援を行
える専門職であると言えよう。

　一方で保育分野では親との離別体験をした子どもへの支援については議論
がなされていないのが現状である。そこで筆者らは，保育所保育士へ親との
離別体験をした子どもの保育の現状と支援の意識がどのようなものか聞き取
り調査と質問紙調査を行った。

## 4．親との離別体験をした保育園児への援助の実態：保育士の聞き 取り調査及び質問紙調査の分析結果から

　保育士はその専門性から親との離別体験をした子どもの支援を担うことが
できると考えられるが，保育分野では議論がなされていないため，筆者らは
保育所保育士（以下，保育士）へ親との離別体験をした子どもの保育の現状
と支援の意識がどのようなものか聞き取り調査（加藤ら，2018）と質問紙調査
（加藤ら，2019，2021）を行った。

## 4-1　親の離婚後の子どもの“荒れ”への保育：あいまいな喪失の一 事例

　保育士への聞き取り調査から，親の離婚後の子どもの内面の理解と支援に
関する専門知識の必要性が明らかとなった。

　質問紙調査に先立ち保育士11名への半構造化面接（加藤ら，2018）を行った。
このうち特に保育士として離婚後の子どもへの対応の難しさと後悔を伴う体
験として語り，いまだ終結していないとの思いを抱えているA氏の語りをテ
キストマイニング分析した。A氏の体験とは，離婚後1年経過した母親から
子どもとつかみ合いをした末，子どもが部屋に灯油をまいたとの連絡を受け，
園長と自宅に駆けつけた。室内に膝を抱えて黙る女児にA氏が対応した。以

第3章　親との離別という"あいまいな喪失"体験をした保育園児への……　63

後，A氏は，子どもと本件について話し合うことなく数年が経過したという
事例であった。A氏は当時，子どもが保育園で楽しく過ごせればよいと考え
ていた。同時に自分が何をしたら良いかわからない不安があった。子どもの
気持ちを聞いてあげればよかったと思う。今も何が支援できるのか勉強した
いと考えていると振り返った。子どもの"荒れた"状態へのかかわりは行っ
たが，その気持ちに触れることへの戸惑いがあり十分に子どもの支援ができ
なかったことへの後悔を抱えているケースであった。筆者らは，本ケースの
ような親の離婚による離別体験をした子どもの理解の枠組みとして"あいま
いな喪失"概念と親との離別体験に伴うトラウマへのケアと予防に関する知
識とスキルを身につけることが有効であること，これらを体験的に学べる教
育体制の整備を提言した。

## 4-2　親の離婚を体験した子どもの支援に関する保育士への質問紙調査

　質問紙調査の結果から，親の離婚を体験した子どもの保育を行いながらも，
喪失体験支援のコンピテンシーに不足を感じ専門知識の必要性を訴えている
ことが明らかとなった。

　半構造化面接調査の結果を基に保育士を対象とした「親との離別体験をし
た子どもの保育の現状と支援に関する意識」について質問紙調査（加藤ら，
2019, 2021）を行った。得られた394名の回答を多変量解析による分析を行っ
た。保育士の多く（84.3%）は離婚による親との離別体験すなわちあいまいな
喪失体験をした子ども（喪失体験児）の保育経験があった。通常の保育におい
て喪失体験児にみられた情緒や行動面の変化に気づき，スキンシップを中心
とした個別援助をおこなっていた（表1）。さらに感情の表出を促すといっ
た情緒面への働きかけ，つまり養護を重視した保育を行っていた。職員間で
喪失体験児に関する情報共有や会議をもつなどの組織的対応もとっていた。

　しかし，さらに明らかとなったのは次の5点である。（1）喪失体験児支援
における専門知識の必要性を訴えていた，（2）喪失体験児の家庭への対応に

**表1　子どもの変化「感情の起伏が激しい」への対応　単語出現頻度とスコア「名詞」**

| 名詞 | スコア | 出現頻度 |
|---|---|---|
| スキンシップ | 1475.82 | 194 |
| 感情 | 112.53 | 75 |
| 表出 | 468.59 | 75 |
| 促進 | 222.51 | 75 |
| 家族 | 32.52 | 53 |
| C子 | 136.02 | 28 |
| ども | 33.16 | 28 |
| 事情 | 23.74 | 28 |

困惑を感じていた，（3）喪失体験児保育に従事する保育士への支援の必要性を訴えていた，（4）保育士が喪失体験児支援を担うべきと考える人は少なかった，（5）個人及び保育士の喪失体験児支援のコンピテンシーに不足を感じている人が多かった（図2，図3）。すなわち，喪失体験児保育を行いながらも，喪失体験児の支援を保育士が担うべきと考える人は少なく，保育士としての喪失体験児支援に関するコンピテンシーの不足を感じており，喪失体験児保育における保育士の実践と意識に乖離がみられた。保育士がその要因として挙げたのは，子どもの家庭への対応や親との離別体験をした子どもの対応に関する専門知識の不足と，保育士への支援が十分でないことであった。喪失体験児保育の現状とその課題と対応策が具体的に提示された結果となった。

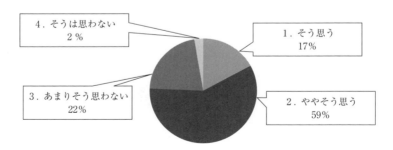

図2　保育士として喪失体験児支援ができるか

第3章 親との離別という"あいまいな喪失"体験をした保育園児への……　65

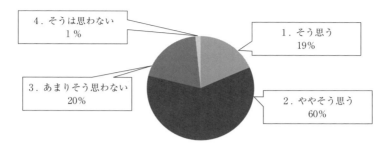

図3　一般に保育士は喪失体験児支援ができるか

## 5．親との離別体験をした保育園児への心理社会的支援の必要性

### 5-1　保育における親との離別体験をした子どもへの心理社会的支援の必要性

　指針（厚労省，2017）及び指針の解説書（厚労省，2018）に示されている保育士の役割と先行研究で明らかになっている子どもの発達における親との離別体験の意味を鑑みると，保育において子どもへの心理社会的支援を行う必要がある。

　指針の解説書（厚労省，2018）には，子どもの保育と保護者の子育て支援のみならず，子どもが緊急事態を体験した場合のPTSDを想定した精神保健面への対応，さらにひとり親家庭の保護者の子育ての不安や生活面の問題の把握とソーシャルワークやカウンセリング等の知識や技術を用いた個別支援の必要性が記されている。すなわち子どもの成長発達への援助とともに，子どもが様々な危機に直面するケースの対応が求められているのである。子どもにとって親がいかに重要な存在であるかは指針第4章「子育て支援」（厚労省，2017）が示されている通りである。

　先行研究で明らかとなっているように，（1）親を失うことはアタッチメン

ト対象を失うことであり，子どもの生存の危機もなり得る異常な事態であること，（2）新しいアタッチメント対象を得ることも苦痛を伴うものであり支援が必要であること，（3）親との離別という喪失体験を理解し意味づけをすることが精神的自立に必要なこと，（4）親の離婚は子どもにとってもあいまいな喪失になり得る可能性があり，「親が何が失われたのかを同定し，生活の中で継続している繋がりを同定しつつ，それを哀悼することができるようにする」（Boss, 1999/2005）ことが必要である。

　また，親の離婚は「小児期逆境体験（adverse childhood experiences; 以下，ACEs）」のひとつである。ACEsの累積が精神疾患，身体疾患の有病率を高めるのみならず早期の死亡につながり，ACEsが生涯に渡って影響を与えることが明らかにされている（中村・岩切, 2019）。ACEsに対応するために発展してきたのがトラウマインフォームドケア（trauma-in-formed care; 以下，TIC）の概念である（亀岡, 2019）。TICとは，トラウマの知識を持ってかかわることで，対人援助においては，対象者にトラウマ歴があるかもしれないという前提で対応することであり，従来「トラウマケア」と呼ばれてきた専門的なセラピー（治療や心理療法）とは異なり，対象者自身を含むすべての人がトラウマを認識することで，無理解や誤解に基づく再トラウマ（re-traumatization）を防ぐことができる（野坂, 2019）。児童福祉分野や教育，医療分野においてTICの導入が提唱されている。

　「子どもが現在を最も良く生き，望ましい未来をつくり出す力の基礎を培う」（厚労省, 2017）ことを支え促すのが保育士の役割であり専門性である。これを全うすることにおいて，子どもの発達における様々な能力や人間関係の「獲得」を援助するだけでなく，大切な人やものを「喪失」することへの援助も必要であると考える。特に子どもにとって親を失うことは，子どもの一生涯における大きな出来事である。子どもの発達における親との離別体験の意味と保育士が担っている役割を鑑みると，親との離別体験をした子どもの "あいまいな喪失" 体験への援助を保育の一環として位置づけることが求

められよう。さらに，すでに指針（厚労省，2017）に示されているひとり親家庭や災害時，不測の事態への対応と同様に，ソーシャルワークやカウンセリングの援用による心理社会的支援として発展させていくことが必要と考える。

## 5-2　今後の課題

　今後の課題は，（1）現職保育士への喪失体験支援に関する心理教育の枠組みを用いた体験型研修の実施と，（2）"あいまいな喪失"体験支援における保育士が担うべき専門性の範囲の検討，（3）新型コロナウイルスのパンデミック下における"あいまいな喪失"理論（Boss, 1999/2005）の応用である。

　今後の課題の1つ目は，親との離別体験をした子どもへの心理社会的支援を保育の一環として位置づけるための方策として，保育士の現職研修及び養成課程において子どもの喪失体験特にあいまいな喪失に関する専門知識や援助のスキルについて学ぶカリキュラムを計画し実施することである（加藤ら，2021）。加藤ら（2019）の学生への心理教育の枠組みを用いたワークショップの実践や，加藤ら（2020）の保育士向けのワークショップはその一つの試みである。心理教育は，「将来，起こり得る問題を予測し，それを防ぐ予防的役割（井上ら，1997）」を持つ。したがって親と離別した子どもの"あいまいな喪失"体験の理解と対応に苦慮している現状に適切な研修および教育の枠組みであると考える。また，子どもの"あいまいな喪失"体験の理解と支援には，専門知識とスキルとともに"気づき"が必要となる。心理教育における"気づき"とは「今，ここで」「なるほどそうなのだ！」という洞察の経験（井上ら，1997）である。子どもにとって親と離別する"あいまいな喪失"体験とそこからのリカバリーがいかなる体験なのか，その意味の体験的理解も求められるのである。そして気づきとはその人自身の発達を意味する。保育士が専門職としての自分自身の発達も視野に入れることが不可欠である。

　2つ目の課題は，保育士が子どものあいまいな喪失体験への支援をどこまでの範囲を担うべきか検討が必要である。

そして，そこで3つ目の課題となるのはパンデミック下にあって保育の在り方そのものを再考し再構築しなければならない今日における，"あいまいな喪失"理論（Boss, 1999/2005）の応用である。

大豆生田（2020）によると，保育において休園や登園自粛，園内の集まりでの対人間の距離の確保，保育士のマスク着用による子どもとのコミュニケーションの困難，行事の実施困難などが課題となっている。保育における行事の見直しや乳幼児期のアタッチメントや身体的コミュニケーションの重要性の再確認，そしてICTを活用した保護者との連携など，ボスが提唱した「創造性と想像力」（Boss, 2020）が発揮された対応を生み出している。

本稿で取り上げた親の離婚のみならず，これらのパンデミックによる喪失や困難もあいまいな喪失の状況にあると捉えることで，より創造的な対応ができるのではないだろうか。このような意味からも保育における"あいまいな喪失"理論（Boss, 1999/2005）の応用を提唱したい。

### 謝辞

調査にご協力をいただきました静岡市保育問題研究会の松浦崇先生，名倉一美先生，保育士の皆様に心より感謝申し上げます。校正をしていただいた阿部恵子さんに感謝の意を表します。本研究はJSPS科研費17K04297及びJSPS科研費20K02287の助成を受けたものです。

### 付記

本論文の内容は，JSPS科研費20K02287の助成による2021年7月26日の国際オンラインシンポジウム「パンデミック下の子どもの現状と心理社会的支援："あいまいな喪失"の視点から」において発表した。なお，本シンポジウムは，オンラインミーティングツールZoomを用い，参加者40名のもと，イスラエル，シンガポール，米国ハワイ州，日本の研究者，実践家がパンデミック以降の子どもが置かれている厳しい環境や様々な社会問題，そのなか

で行われている支援の方策について報告を行った。

## 文献

Boss, P.（2005）「さよなら」のない別れ　別れのない「さよなら」―あいまいな喪失―（南山浩二，訳）．学文社．（Boss, P.（1999）. *Ambiguous loss: Learning to live with unresolved grief*. Harvard University Press.）

Boss, P.（2020）『あいまいな喪失理論』を感染症流行に役立てるために（瀬藤乃理子・石井千賀子，訳）．災害グリーフサポートプロジェクト．https://al.jdgs.jp/（情報取得2021/5/30）

平木典子（2012）離婚・関係の解消による喪失．精神療法, 38(4), 47-51.

井上孝代・田中共子・鈴木康明（1997）異文化間臨床心理学序説．多賀出版.

亀岡智美（2019）トラウマインフォームドケアと小児期逆境体験．精神医学, 61(10), 1109-1115.

柏女霊峰（監修），全国保育士会（編）（2009）改訂版全国保育士会倫理綱領．全国社会福祉協議会.

加藤恵美・井上孝代・いとうたけひこ（2020）保育所保育士の“喪失体験児保育”に関する意識―ある保育研究会における事例検討を通して―．マクロ・カウンセリング研究, 13, 2-20.

加藤恵美・いとうたけひこ・井上孝代（2018）離婚後の子どもの“荒れ”への保育―〈あいまいな喪失〉の一事例―．日本カウンセリング学会第51回大会論文集, 65.

加藤恵美・いとうたけひこ・井上孝代（2019）あいまいな喪失を体験した子どもへの保育士による支援の実態と課題―質問紙調査の量的分析結果から―．日本応用心理学会第86回大会論文集, 46.

加藤恵美・いとうたけひこ・井上孝代（2021）親の離婚を体験した子どもの支援に関する保育士の意識調査―現職・保育学生を対象とする“あいまいな喪失”体験児への支援教育プログラム構築に向けて―．静岡県立大学短期大学部研究紀要, 35-W, 1-19.

加藤恵美・岡本悠・日高共子・井上孝代・いとうたけひこ（2019）親を失った子どもの喪失体験に関する講義とワークショップ―社会福祉学科学生を対象とした授業実践の試み―．マクロ・カウンセリング研究, 12, 2-15.

川野雅資（2019）日本へのトラウマインフォームドケアの導入．精神医学, 61(10), 1117-1125.

鯨岡峻（2017）『気になる子』から『配慮の必要な子』へ．発達, 149, 2-6.

厚生労働省（2017）保育所保育指針　平成29年告示．フレーベル館．

厚生労働省（2018）保育所保育指針解説　平成30年3月．フレーベル館．

厚生労働省（2019）令和元年（2019）人口動態統計（報告書）Ⅱ人口動態調査結果の概要．https://www.mhlw.go.jp/toukei/saikin/hw/jinkou/houkoku19/dl/02.pdf（情報取得2021/5/27）

厚生労働省（2020）新型コロナウイルス感染症について．https://www.mhlw.go.jp/stf/seisakunitsuite/bunya/0000121431_00188.html（情報取得2021/5/27）

厚生労働省（2021）人口動態統計月報（概数）令和2（2020）年12月分．https://www.e-stat.go.jp/stat-search/files?page=1&layout=datalist&toukei=00450011&tstat=000001028897&cycle=1&year=20200&month=24101212&tclass1=000001053058&tclass2=000001053060&tclass3val=0（情報取得2021/6/30）

毎日新聞（2021.1.28）コロナ禍、両親の不和、性自認…悩む子どもの「心の声」、投稿欄に月800件．mainichi.jp（情報取得2021/1/28）

内閣府男女共同参画局　コロナ下の女性への影響と課題に関する研究会（2021）コロナ下の女性への影響と課題に関する研究会報告書．https://www.gender.go.jp/kaigi/kento/covid19/siryo/pdf/post_honbun.pdf（情報取得2021/5/27）

中村有吾・岩切昌宏（2019）トラウマセンシティブスクール―全児童生徒の安心感を高めるアプローチ―．精神医学，61(10)，1135-1142．

野坂祐子（2019）児童福祉におけるトラウマインフォームドケア．精神医学，61(10)，1127-1133．

小田切紀子・野口康彦・青木聡（2017）家族の心理―変わる家族の新しいかたち―．金剛出版．

大豆生田啓友（2020）ウィズコロナから考える保育の質の向上．発達，164，24-32．

庄司順一・奥山眞紀子・久保田まり（2008）アタッチメント―子ども虐待・トラウマ・対象喪失・社会的養護をめぐって―．明石書店．

菅原ますみ（2016）親の離婚を経験する子どもたちの受ける影響及び子どもや親に対する専門的支援の在り方．家庭の法と裁判，5，6-10．

菅原ますみ（2019）小児期逆境体験とこころの発達―発達精神病理学の近年の研究動向から―．精神医学，61(10)，1187-1195．

User Local（2019.2.7）AIテキストマイニング．https://textmining.userlocal.jp，2021．

# 第2部　保育士・社会福祉士の養成教育

# 第4章 保育者養成教育における
# 読み聞かせ活動の位置づけ
## —研究論文のタイトル・サブタイトルのテキストマイニング—

キーワード：保育者論，読み聞かせ，朗読，保育者養成，テキストマイニング

## 1．問題と目的

　平成23年に保育士養成課程の改正がなされ，保育の本質・目的に関する科目として「保育者論」が新設された。本科目の目的は次の通りである。

　1　保育者の役割と倫理について理解する。
　2　保育士の制度的な位置づけを理解する。
　3　保育士の専門性について考察し，理解する。
　4　保育者の協働について理解する。
　5　保育者の専門職的成長について理解する。

　新設の目的は，平成22年3月24日に保育士養成課程等検討会より示された「保育士養成課程等の改正について（中間まとめ）」に次の通りに記されている。

　　　「現行の「保育原理」に含まれていた保育士の役割と責務，制度的位置づけ，及び多様な専門性をもった保育者（看護師・栄養士等）との協働などについて学ぶことが重要であるため，「保育者論」を新設する。特に，児童福祉法第18条の4における保育士の定義や，保育士に求められる今日的課題などを踏まえ，子どもの保育と保護者支援を担う保育士の

74 第2部 保育士・社会福祉士の養成教育

専門性について学ぶ科目とする」

そして，具体的な学びの内容は平成22年7月22日に厚生労働省による「指定保育士養成施設の指定及び運営の基準についての一部改正」において次の通り示されている。

1 保育者の役割と倫理
（1）役割
（2）倫理
2 保育士の制度的位置づけ
（1）資格
（2）要件
（3）責務
3 保育士の専門性
（1）養護と教育
（2）保育士の資質・能力
（3）知識・技術
（4）保育の省察
（5）保育課程による保育の展開と自己評価
4 保育者の協働
（1）保育と保護者支援にかかわる協働
（2）専門職間及び専門機関との連携
（3）保護者及び地域社会との協働
（4）家庭的保育者等との連携
5 保育者の専門職的成長
（1）専門性の発達
（2）生涯発達とキャリア形成

科目の内容からも，子どもの保育に関する専門性とともに保護者や多職種との連携が重視されていることがわかる。これら保育士の専門性について知識と技術を学ぶとともに重要なことは，保育を利用する当事者である子どもとその保護者の実情と心情を知り，理解することであると考える。養成課程においては，ともすれば保育士としてあるべき姿を身につけることが中心となり，子どもが何を必要としているか，子どもの保護者がどのような気持ちで子育てをしているか，保育士に何を求めているかを知ることは難しい。

　よって，筆者はこのうち保護者理解の一助として，本科目において，保護者の手記を用いて学生に対し読み聞かせを行っている。特に着目するのは障害をもつ子どもの保護者である。保育士がその専門性を問われるのは，障害があると診断がなされた子どもの「障害児保育」のみならず，障害があるかもしれない子どもの保育とその保護者支援においてである。養成課程の段階において，保護者の語りからその内面を理解する機会を持つことが必要であると考える。

　当事者のナラティブ（語り）を重視し授業に取り入れる活動はすでに医療従事者養成教育の分野で行われている。山口ら（2008/2009）は看護教育の分野で闘病記や手記を用いる実践は，病気について知りたいと思っている当事者だけでなく，援助者である看護師，看護学を学ぶ学生，そして看護学教育に携わる看護教員にとっても，貴重な資料を提供してくれるものであり，当事者と援助者がともに学びを得られるものであると述べている。門林（2011）は看護学や薬学の授業で闘病記を取り入れて活用している。小平・伊藤（2009），小平・いとう（2010ab）は当事者のナラティブを看護学などの教材として活用することを提案し，それらを「ナラティブ教材」とした。その定義を「患者の病いの体験を患者や家族などが自ら自分のことばで語った物語りが表現された作品であり，学習者にとってその体験の理解を促進したり，助けになる目的で看護教育などに利用されうる形に教材化したもの」とし，①手記・闘病記，②マンガ・コミックエッセイ，③定期刊行物，④テレビ番組，

76 第2部 保育士・社会福祉士の養成教育

⑤ビデオ・DVD，⑥ドキュメンタリー映画，⑦ブログ・ウェブサイトの7
つに分類した。

　医療の分野では当事者である患者の闘病記や手記を養成教育に用いること
の意義が認められているが，保育者養成教育の分野においてはその研究の実
態は明らかではない。よって，本研究では日本語文献を対象にして保育者養
成教育における「読み聞かせ」に関する先行研究の総説を行う。本研究の目
的は，保育者養成教育についての日本語文献を収集し文献調査に基づき，そ
の中で「読み聞かせ」がどのように位置付いているかを明らかにすることで
ある。

## 2. 方法

### 2-1　分析対象

　（1）CiNii Articlesを使用し，2012年6月27日までに登録されている論文の
書誌データを，キーワード「保育原理」「保育者論」で検索した。「保育原
理」27件，「保育者論」17件の合計44件を分析の対象とした。これら44件の
文献をPDFにし，テキスト認識させた上でアクロバットプロで「読み聞か
せ」を検索語として検索した。

　（2）CiNii Articlesより「読み聞かせ」を検索語として2012年7月26日に検
索したところ，603件の文献が得られた。これらを保存して，1列目を文献
番号，2列目をタイトル，3列目に著者名，4列目に書誌情報（雑誌名，巻号，
ページ，出版年〈年のみを取得し，月日は除外した〉など）を，テキストとして
Excelで読み込めるように，Wordを用いてタブ区切りデータを作成した。
具体的には，1文献に付き［文献番号］タブ［タイトル］タブ［著者名］タ
ブ［書誌情報（最後は4桁の出版年）］改行，という形式のデータをWordで作

成した。タブ区切りデータをExcelにより加工して，文献番号（半角），タイトル（と）サブタイトル，著者，著者の専門分野，雑誌名，雑誌の種類（紀要，学術雑誌，大会論文集，商業雑誌など），発行年とした。これをSPSS Ver. 12により分析した。また，論文タイトルを対象として，テキストマイニングソフトText Mining Studio（NTTデータ数理システム）により分析した。文献の種類は原著論文のみとした。

## 2-2　分析手続き

### 2-2-1　アクロバットプロ

　キーワード「保育原理」「保育者論」で検索した合計44件の文献をPDF化しアクロバットプロで「読み聞かせ」を検索語として検索した。

### 2-2-2　SPSS

　603件の文献タイトルをテキスト化し，SPSS Ver. 12により年代別の文献発行数と，年別の文献発行数を明らかにした。ただし，年代別については，2010年代の文献はデータベースの登録が途中であるため，これを含めず，2000年代までを分析対象とした。

### 2-2-3　テキストマイニング

　603件の文献タイトルをテキスト化し，Text Mining Studio Ver. 4.1により，テキストマイニングの手法を用いて内容語の分析をおこなった。分析は（1）テキストの基本統計量（基本情報），（2）単語頻度分析の順に行った。

### 2-2-4　エクセル

603件の文献が掲載されている雑誌数を明らかにした。

78　第2部　保育士・社会福祉士の養成教育

## 3．倫理的配慮

　すでに公刊されている文献のタイトルなどの分析であるので，倫理的配慮は特に必要がない。

## 4．結果

### 4-1　「保育原理」「保育者論」文献における「読み聞かせ」の検索

　キーワード「保育原理」「保育者論」で検索した文献44件をアクロバットプロにて「読み聞かせ」で検索したところ，1個あった。その文献タイトルは「研究授業「保育原理ⅠA」の実施」で，文中では，「授業の過程では，テキストで紹介されている絵本『トーマスのもくば』をスキャンした画像を教室のディスプレイに映して，授業者が学生に対して読み聞かせを行った」という箇所で「読み聞かせ」が使われており，物語解釈は多様であることを気づかせ，子ども理解を促す目的で学生に対して絵本を読み聞かせをした授業実践を記していた。

### 4-2　検索語「読み聞かせ」を含む文献の発行数の推移

　検索語の「読み聞かせ」を含む文献603件の発行年代（図1）を見ると，1990年代に100件近く，2000年代に入ると400件近く発行されていた。1990年代から20年間で「読み聞かせ」に関する文献発行数が増えた。

　年別（図2）に見ると，1937年から2001年までは年間20件以下であったが，2002年から30件を超え，2007年では年間60件近く発行された。

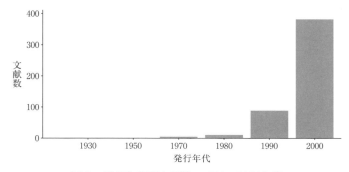

**図1　発行年代別文献数　1930～2000年代**

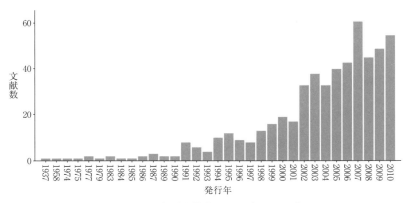

**図2　発行年別文献数　1937年～2010年**

## 4-3　文献のタイトル・サブタイトルのテキストマイニング

### 4-3-1　基本情報

表1は文献のタイトル・サブタイトルの基本情報である。総行数は文献数を表しており，603件であった。平均行長とはタイトル・サブタイトルの文字数を表しており30.4文字であった。総文数は1,386文で，平均文長は13.2文字であった。内容語の延べ単語数は6,174で，単語種別数1,934だった。

80    第2部　保育士・社会福祉士の養成教育

**表1　基本情報**

| 項目 | 値 |
|---|---|
| 総行数 | 603 |
| 平均行長（文字数） | 30.4 |
| 総文数 | 1386 |
| 平均文長（文字数） | 13.2 |
| 延べ単語数 | 6174 |
| 単語種別数 | 1934 |

## 4-3-2　単語頻度分析

　単語頻度分析とは，テキストに出現する単語の出現回数をカウントすることによる分析である。表2は文献のタイトル・サブタイトルにおける10頻度以上の単語頻度を表している。「読み聞かせ」は524個，「絵本」は279個，「子ども」は97個，「効果」は49個だった。また，「学校」「母親」が18個，「保育者」は17個，「学生」は16個だった。

　このうち「効果」に注目して単語頻度分析（表3）を行うと，「幼児」が15個だった。「幼児」を原文参照すると，「幼児における絵本への情緒的反応に及ぼす読み聞かせ速度の効果」や「幼児の心情理解に及ぼす絵本の読み聞かせの効果」など，読み聞かせが及ぼす幼児への効果を検討しているものが多かった。

　また，「保育者」に注目して単語頻度分析（表4）を行うと，「絵本」が10個だった。原文参照すると，「保育者による絵本の読み聞かせと乳幼児期における認知機能の発達」や「幼稚園における障害者が登場する絵本の読み聞かせに関する保育者の意識」など，保育者が子どもに対して行う読み聞かせの手段として用いられていた。

　「学生」に注目して単語頻度分析（表5）を行うと，「絵本」が17個だった。原文参照すると，「幼児保育専攻学生における絵本の読み聞かせに関するとらえ方の変化―読み聞かせ体験をとおして―」や「保育学生における絵本の

第4章　保育者養成教育における読み聞かせ活動の位置づけ　81

**表2　単語頻度**
**（タイトル・サブタイトル）**
**名詞一般　頻度10回以上**

| 単語 | 品詞 | 頻度 |
|---|---|---|
| 読み聞かせ | 名詞 | 524 |
| 絵本 | 名詞 | 279 |
| 子供 | 名詞 | 97 |
| 効果 | 名詞 | 49 |
| 幼児 | 名詞 | 43 |
| 本 | 名詞 | 31 |
| 中心 | 名詞 | 26 |
| 心 | 名詞 | 25 |
| 子供たち | 名詞 | 19 |
| 学校 | 名詞 | 18 |
| 場面 | 名詞 | 18 |
| 母親 | 名詞 | 18 |
| 保育者 | 名詞 | 17 |
| 学生 | 名詞 | 16 |
| 力 | 名詞 | 16 |
| 家庭 | 名詞 | 15 |
| ボランティア | 名詞 | 14 |
| 学校図書館 | 名詞 | 13 |
| 子 | 名詞 | 12 |
| 魅力 | 名詞 | 11 |
| 言葉 | 名詞 | 10 |
| 紙芝居 | 名詞 | 10 |
| 世界 | 名詞 | 10 |

**表3　単語頻度**
**（タイトル・サブタイトル）**
**「効果」を含む単語**

| 単語 | 品詞 | 頻度 |
|---|---|---|
| 読み聞かせ | 名詞 | 57 |
| 絵本 | 名詞 | 51 |
| 効果 | 名詞 | 49 |
| 幼児 | 名詞 | 15 |
| さっちゃん | 名詞 | 5 |
| て | 名詞 | 5 |
| 学生 | 名詞 | 5 |
| 障害理解 | 名詞 | 5 |
| 電算画面 | 名詞 | 5 |
| 魔法 | 名詞 | 5 |

読み聞かせの理論及び方法の修得に関する研究―絵本を読み聞かせられる立場に立つ経験を取り入れることを通して―」など，学生とは保育者養成課程の学生を指しており，教員が学生に対して保育実践の知識・技術のひとつとして絵本の読み聞かせを行っていた。

| 表4　単語頻度 (タイトル・サブタイトル)「保育者」を含む単語 | | |
|---|---|---|
| 単語 | 品詞 | 頻度 |
| 読み聞かせ | 名詞 | 17 |
| 保育者 | 名詞 | 17 |
| 絵本 | 名詞 | 10 |
| 行動 | 名詞 | 5 |
| 思考 | 名詞 | 5 |

| 表5　単語頻度 (タイトル・サブタイトル)「学生」を含む単語 | | |
|---|---|---|
| 単語 | 品詞 | 頻度 |
| 読み聞かせ | 名詞 | 31 |
| 絵本 | 名詞 | 17 |
| 学生 | 名詞 | 14 |
| 効果 | 名詞 | 6 |
| 影響 | 名詞 | 5 |
| 及ぼす | 動詞 | 5 |

## 4-4　掲載雑誌名の特徴

　603件の文献が掲載されている雑誌のうち，3件以上現れているものを取り上げた。最も多かったのが『日本保育学会大会論文集』で30件であった。次いで『学校図書館』が27件であった。特徴的なのが9件から7件の雑誌で，「子ども」という語が入っているものが多かった。6件から4件の雑誌では「教育」が多かった。また，『日本看護学会論文集　小児看護』が4件とやはり子どもに関係している雑誌名が見られた。保育や教育，小児看護などいずれも子どもが主体である分野であることが共通している。

## 5．考察

### 5-1　保育者養成教育分野における「読み聞かせ」活動の位置づけ

　図1と図2の結果から，1990年代から読み聞かせに関する文献発行数が増え，2000年代には急激に増加している。表1の結果から，その文献のタイトル・サブタイトルには「絵本」や「子ども」というワードが多いこと，次いで「学校」や「母親」や「保育者」などのワードが多いことから，多くの文

第4章　保育者養成教育における読み聞かせ活動の位置づけ　　83

表6　掲載雑誌数　3件以上

| 雑誌名 | 発行数 (件) |
|---|---|
| 日本保育学会大会論文集 | 30 |
| 学校図書館 | 27 |
| 日本教育心理学会総会発表論文集 | 14 |
| 研究紀要 | 13 |
| 全国大学国語教育学会発表要旨集 | 12 |
| 音声表現 | 10 |
| 社会科教育 | 10 |
| 子どもと読書 | 9 |
| 季刊保育問題研究 | 8 |
| 子どもの図書館 | 8 |
| 子どものしあわせ | 7 |
| こどもの図書館 | 7 |
| 滋賀大学教育学部紀要 | 7 |
| 保育の友 | 7 |
| 大阪経大論集 | 6 |
| 教育学研究 | 6 |
| 児童心理 | 5 |
| 小学校英語教育学会紀要 | 5 |
| 図書館の学校 | 5 |
| 母の友 | 5 |
| 教育実践研究指導センター紀要 | 4 |
| 教育実践総合センター研究紀要 | 4 |
| 教材学研究 | 4 |
| 国語科教育 | 4 |
| 子どもの本棚 | 4 |

| 雑誌名 | 発行数 (件) |
|---|---|
| 情緒障害教育研究紀要 | 4 |
| 道都大学紀要社会福祉学部 | 4 |
| 日本看護学会論文集　小児看護 | 4 |
| 別冊国文学 | 4 |
| アエラ | 3 |
| 愛媛大学教育学部紀要 | 3 |
| 今日の学校図書館 | 3 |
| 言語技術教育 | 3 |
| 高知大学教育学部研究報告 | 3 |
| 国立オリンピック記念青少年総合センター研究紀要 | 3 |
| こどもとしょかん | 3 |
| 子どもの文化 | 3 |
| 児童文芸 | 3 |
| 千葉経済大学短期大学部研究紀要 | 3 |
| 電子情報通信学会技術研究報告 | 3 |
| 奈良教育大学紀要人文・社会科学 | 3 |
| 日本教育工学会論文誌 | 3 |
| 日本児童英語教育学会研究紀要 | 3 |
| 日本保健福祉学会誌 | 3 |
| 人間文化論叢 | 3 |
| 発達研究 | 3 |
| 発達心理学研究 | 3 |
| 武庫川女子大学発達臨床心理学研究所紀要 | 3 |
| 琉球大学教育学部発達支援教育実践センター紀要 | 3 |

献における「読み聞かせ」とは，保育や教育の場で大人が子どもに絵本を読み聞かせるという活動を意味していると考えられる。また，表4の結果から，キーワード「保育者」と「学生」においても「絵本」が頻出している。保育者が行う「読み聞かせ」とは子どもへの絵本の読み聞かせのことである。また，ここでの「読み聞かせ」とは，保育技術としての絵本の読み聞かせを指している。以上から，保育分野における「読み聞かせ」とは，保育者が子どもに絵本を読み聞かせることを意味しているといえる。

84 　第2部　保育士・社会福祉士の養成教育

　また，保育者養成課程における「読み聞かせ」の位置づけを探索してみる
と，キーワード「保育原理」「保育者論」で検索した合計44件の文献中で，
検索語「読み聞かせ」は1個のみで，それは授業者が絵本を用いて，物語解
釈の多様性の発見と子ども理解を促す実践を記したものであった。保育原理
や保育者論において，当事者の手記（ナラティブ教材）を読み聞かせ，利用者
理解を促すといった教育技法としての意味での「読み聞かせ」の実践研究は
行われていないと考えられる。

## 5-2　保育者養成教育における「読み聞かせ」の理論的意義

　山崎（1990）は，子どもに人間らしく生きる力を育てる具体的な方法が絵
本の読み聞かせであると述べている。静かに，心をこめて，ゆっくりと発達
段階に合わせて，親や，保育者が，継続的に読み聞かせることであり，この
ような読み聞かせには，知的好奇心，安心感，感性，主体的思考力といった
力がすべて含まれているとしている。そして，絵本は絵とことばから成り
立っており，絵を見ながら豊かなことばを耳から聞き，作品の内容を想像し，
深く思考できる子は，その世界に感動することができ，絵本を読んでもらっ
て楽しむことのできる子は，絵本の内容を理解することができる。また，楽
しむ知的能力が育っているからその絵本が「読める」ということであり，そ
れには共に描かれた絵をじっと見つめ，大人の語りかけることばに耳を傾け
て聞くという，人間信頼の心がないとできないと述べている。読み聞かせに
よって育まれる知的好奇心，感性，主体的思考力，想像力は学生が保育士と
して備えるべき資質や能力としても重要であるといえよう。よって読み聞か
せが保育者養成教育の技法として意義があると考える。

## 5-3　保育者養成教育における「読み聞かせ」の教育的意義

　また，山崎（1990）は，子どもにとって，父母や保育者に絵本を読んでも
らうことには深い意味があるとし，それは「読み聞かせを聞く子どもは，絵

本の世界を読み手の感動を通して受け取るということです。すぐれた絵本の絵とことばと読み手の思いとが聞き手の心の中で反応し合い，生きることへの希望や期待のエネルギーとして蓄積され，それが人生への知恵と勇気と信頼とになるのではないでしょうか」と述べている。保育者養成教育における読み聞かせの教育的意義の第一は，上述の通り読み手の教師の感動を学生が受け取るというところにある。そして，第二に，読み聞かせを通して学生が間接体験を多くできることである。山崎（1990）は人間の心を育てる営為に絵本は重要な役割を果たしており「絵本を読んで涙を流す子ども，絵をじーっと読んで，その絵を見て主人公と一緒になりながら一冊の本の中を歩んでいける子ども。自分があっても，もうひとりの自分をそこで間接体験できているのです」と述べている。保育者養成教育において，障害をもつ子どもの保護者等の手記を読み聞かせることで，学生が自分では体験できないが，いずれ保育の実践現場で出会うであろう人々の思いや生活を間接体験し，想像するという営みが重要であると考える。

## 5-4　本研究の限界と今後の課題

　本研究の限界は，「読み聞かせ」というキーワードだけで検索を行ったことである。それと置き換えられるキーワード「朗読」を使って検索することで分析が深まると考えられる。また，今回の研究では，読み聞かせに関する文献の中に，当事者の手記を読み聞かせし，利用者理解を促すという意味での読み聞かせ活動に関する実践や研究が確認できなかった。とはいえ，医療従事者養成教育のなかでも看護学分野ではすでに当事者の闘病記や手記等のナラティブ教材を用いた教育技法の意義と有効性が認められている（小平・伊藤，2009）。看護学分野と同じく対人援助職である保育士の養成教育においても実践の意義があると考えられる。今後，筆者が保育者論にて実践している当事者手記の読み聞かせが，保育者養成課程の学生における利用者理解の促進に寄与しているか検証することが課題である。

## 謝辞

　本稿の校正を丁寧にしてくださった木下恵美さんに深く感謝を申し上げます。

## 文献

服部兼敏（2010）テキストマイニングで広がる看護の世界―Text Mining Studioを使いこなす―．ナカニシヤ出版．

保育士養成課程等検討会（2010）保育士養成課程等の改正について（中間まとめ）．厚生労働省　2010.3.24. http://www.mhlw.go.jp/shingi/2010/03/dl/s03246a.pdf（情報取得2012/6/1）

門林道子（2011）生きる力の源に―がん闘病記の社会学―．青海社．

小平朋江・伊藤武彦（2009）ナラティブ教材としての闘病記―多様なメディアにおける精神障害者の語りの教育的活用―．マクロ・カウンセリング研究，8，50-67.

小平朋江・いとうたけひこ（2010a）回復のための資源としての語り―精神障害者のナラティブの教材的活用―．心理教育・家族教室ネットワーク第13回研究集会（福岡大会）抄録集．

小平朋江・いとうたけひこ（2010b）闘病記などのナラティブ教材の種類と意義―メディアの違いに着目して―．日本精神看護学会第20回総会・学術集会プログラム抄録集，106-107.

厚生労働省雇用均等・児童家庭局長（2010）「指定保育士養成施設の指定及び運営の基準について」の一部改正について．厚生労働省　2010.7.22. http://wwwhourei.mhlw.go.jp/hourei/doc/tsuchi/T100729N0010.pdf（情報取得2012/6/1）

山口和代・和田恵美子・闘病記朗読会・闘病記読もう会（2008/2009）学生との交流を通して．闘病記研究会シンポジウム予稿集　文部科学省科学研究費「がん対策に特化した患者図書室における闘病記を用いた患者支援の実証的研究」研究班主催，46-51.

山崎翠（1990）続・子育てに絵本を―いのち・ことば・へいわ―．エイデル研究所．

# 第5章　社会福祉士実習教育の評価
## ―学生の実習自己評価表のナラティブ分析を通して―

キーワード：社会福祉士，実習教育，形成的評価，自己評価表，ナラティブアプローチ，
エンパワーメント評価

## 1．研究の目的

　筆者の勤務する静岡県立大学短期大学部社会福祉学科社会福祉専攻の教育
目標は「①地域社会の変化に関心を持ち，福祉の担い手として主体的に発展
向上させる能力を養う　②多様な福祉ニーズに対応できるように，総合的に
物事を判断できる能力を養う　③対象者の自立と自己実現を目指して，保
健・医療分野と連携し協働できる能力を養う　④人に対して暖かい眼差しを
持ち，あらゆる場面において人権を尊重することができる能力を養う　⑤社
会福祉専攻では，相談援助のできる保育士と，高度な社会福祉専門的知識と
技術を兼ね備えた社会福祉士を養成する」である[1]。この教育目標にそった
社会福祉士養成教育のカリキュラムの中心となるのが「社会福祉援助技術現
場実習」及び「社会福祉援助技術現場実習指導」の科目である。実習関連科
目における教育目標の達成は重要な課題であるが，社会福祉士に必要な価値
と知識と技術が身についたかどうかの教育評価は総括的評価である実習関連
科目の単位認定のみで測れるものではなく，そこに至る学習のプロセスに学
生及び教員がどのように取り組むのかが重要であると考える。その手段が
「教育活動の途上で中間的成果を把握し，活動自体の軌道修正のために，ま
た次の段階の指導や学習の方向や課題を明確化するために用いる」形成的評
価である[2]。しかし，社会福祉士実習における形成的評価の研究は少ない。
実習評価の形成的評価の必要性について論じた柿本（2004）は，実習評価は

88　第2部　保育士・社会福祉士の養成教育

総括的評価と形成的評価を車の両輪のように位置づけるべきであるとし，形成的評価表を用いて学生と教員の面談による実習振り返りを積み重ね，常に個人の目標達成のため実習や授業へのフィードバックを繰り返し，形成的評価と総括的評価を相互に組み合わせて，評価を学生と教員が個別面談でこれまで何を学んだのか，またこれから何を学ぶか再確認をするために活用するとしている[3]。柿本（2004）が提案した形成的評価表（試案）は7項目から成り，評価基準の5項目に対応した達成度を0％から100％の間で5段階に分けて記載するようになっている。実習評価における形成的評価の必要性が示されており，評価表の様式の提案がなされているが，評価がやはり数値のみでなされている点において前述の形成的評価の意義が達成されているとは言えないのではないかと考える。

　実習評価における形成的評価の達成度は数値のみで実施されるのでなく，「なぜその達成度としたか」という「評価の理由」も記載すべきであると考える。本学科では実習教育のプロセスの中間点である実習終了後の事後学習第1講において「実習自己評価表」を作成している。教員は学生自身による「実習自己評価」と実習指導者による実習評価表を組み合わせて用い，個別にスーパービジョンを行っている。「実習自己評価表」は評価基準が7項目で，各項目を5段階評価し，さらになぜその評価をしたのか「理由」を記載する欄を設けている。

　そこで，本研究の目的は，本学科の「実習自己評価表」が形成的評価としての機能を果たしているかについて「実習自己評価表」を対象にナラティブアプローチ[4]の方法による分析から検証し，実習教育における形成的評価としての位置づけを明確にすること，そして「実習自己評価表」が形成的評価にとどまらず学生をエンパワーメントするエンパワーメント評価[5]としての位置づけの可能性を提案することである。

　まず，本研究に用いる用語の定義をする。次に学生3名の「実習自己評価表」をナラティブアプローチにて分析し，形成的評価として機能しているか

検証を行い，形成的評価として位置づけることができるかを考察する。さらに，「実習自己評価表」がエンパワーメント評価として用いられる可能性を探索し，まとめとする。

## 2．用語の定義

まず，教育評価とは，「教育活動の中で，どのような学びがなされたのか，どのような育ちが実現したのかを確かめ，その結果を教育的に活用することである」という定義を用いる[6]。教育評価の機能は①学習活動の事前に行われる診断的評価，②学習活動の過程で実施される形成的評価，③学習活動の終了時に実施される総括的評価に分類される。このうち形成的評価とは，「教育活動の途上で中間的成果を把握し，活動自体の軌道修正のために，また次の段階の指導や学習の方向や課題を明確化するために用いる，（中略）つまり形成的評価はフィードバックとフィードフォワードの機能を担う」のである[7]。単位認定には用いられない評価であるが，学習途中の状況を把握しその後の学習の軌道修正と方向性を定める指針となるものである。

## 3．方法

### 3-1　対象者

社会福祉援助技術現場実習の後期実習を終了した2年生3名。

### 3-2　データ収集方法

（1）対象者の実習自己評価表を用いた。
（2）実習自己評価表の各評価項目の内容についてナラティブアプローチを用いて半構造化面接を行った。面接内容をICレコーダーに録音し逐語化し

た。質問内容は「実習自己評価表」に記入された内容を基に，各評価項目の5段階評価とその理由についてより詳しい内容を問い，また5段階評価とその理由の間に乖離がある場合にそれはなぜかを問うた。

## 3-3 分析方法

「実習自己評価表」の記入内容と，逐語化した面接内容を切片化せず対象者の表現に忠実に辿り，「実習自己評価表」が形成的評価として機能しているか分析し，検証することとした。

## 3-4 倫理的配慮

### 3-4-1 実習自己評価表

対象者に研究目的を説明し，社会福祉援助技術現場実習（後期実習）の事後学習で作成した実習自己評価表を分析対象とすることへの了承を得た。また，実習自己評価表は個人が特定されないよう配慮されることを説明し了承を得た。

### 3-4-2 面接

面接に先立ち，対象者に研究目的を説明し，面接内容を録音すること，録音内容が研究に用いられることへの了承を得た。また研究への参加や録音内容は社会福祉援助技術現場実習及び実習指導の評価には無関係であること，個人が特定されないよう配慮されること，録音記録は研究終了後に消去されることを説明し了承を得た。

## 4．結果

実習自己評価表の7つの評価項目について対象者が自ら記入した5段階評価と評価の理由，併せて面接での評価理由に関する対象者の語りを記し分析

を行った。

## 4-1　実習生Aさん

### ①実習課題の達成度

課題に対して，1つ1つこなしていけたと思う。それぞれの課で見学や訪問同行をさせてもらったため，その時その時の相談業務について，自分なりに考察できたと思う。

実習プログラムについての考察ができたという達成感を得ている。

### ②実習に対する意欲的な取り組み

3日間で課が変わるため，切り替えて，知りたいことを明確にできていたと思う。ただ，見学など何度も行かせて頂くうち，お話を聞くだけの受け身の姿勢になっていた時もあると思う。

自分自身の実習のねらいは明確にして取り組みができたが，プログラムの内容によっては能動性に欠けたと反省している。

### ③場面や対象者に応じた対人理解や関わり

見学・体験で，老人・児童・聴覚障害の方と関わる機会があった。積極的に関わることができる人，そうではない人が居て，関わりが十分出来ていなかったこともあると感じる。自分が接したことのある，老人や障害の方とは，その方に合った対応ができたと思う。

92　第2部　保育士・社会福祉士の養成教育

聞き手：5段階評価で4をつけていて，理由の欄に「積極的に関わることができる人，そうでない人が居て，関わりが十分出来ていなかったこともあると感じる」と記入していますが，積極的に関わることができない人がいたのはどうしてですか。

Aさん：あの，書いてあるように老人の方と障害の方はちょいちょいですけど関わったことがあって，まあ慣れていないけど，子どもと関わるときに，確か1歳児の子と保育園で実習してこいって言われて行ったことがあってその時は何もできず，遊びにきてくれれば遊んだんですけど，気まぐれじゃないですかすごいちっちゃい子って。1人でぼーと見てるときもあって，どう関わっていいかわかんなくて，自分から行こうにも行けなくて，そういうなんか小学生くらいの児童館の子と関わったことはあって，そのときあったんですけど，その子から話してくれてけっこう関われたんですけど，そのちっちゃい子は全然関われなかったと思って……。それがそのことです。話しかけても聞いてない，何考えてるかわからなくて，何をしたいのかもわかんなくて。もうわかんないです。

聞き手：保育実習は履修していなかったのですか。

Aさん：保育実習をとっていなくて……。何も無で。ちょっとお布団まで連れってあげてって言われても，いや抱いたこともないですって感じで，じゃあいいよって感じで，何もできなかったです。

聞き手：そのことについて何か考えるところはありますか。

Aさん：それ以降福祉の実習として保育に行ったんで，やっぱ知ってないと全分野において知識とかもないとなってそっから感じるようになって，まあそのために具体的に何かするとかじゃないですけど，やっぱ保育のことも自分興味ないかもしれないけどある程度は知っていかないとなってちょっと思いました。児童は昔から，最近年を取ってきて，子どもは何を考えているかわからないなって思うようになってきて，じゃあ何か仕事に

> はできないかなって思って，あの県短に入ってから初めて知ったんですよ保育があるって。だからびっくりして，保育取ったほうがいいよって先生方から勧められて悩んでたんですけど，いや興味ないしなと思って，関係ないみたいになっていて，でも何か違うんだなと感じ始めてます。いつかは関わってみたいなと思うんですけど，知識がないので不安ですけど，ある程度小学生とかになればいいかなと思って。

　全体として評価が高いが，利用者との関わりにおいてできなかった点について言及している。これまで関わったことのある高齢者や障害を持った方へは積極的に関われたが，以前から関心を持てなかった子どもへは自ら関わりをもつことができなかったと述べている。しかしその気づきをふまえ，個人的な関心の有無によって利用者への関わりを切り捨てるのでなく，対人援助職として自ら対人関係を築くことの必要性を考え始めている。

### ④実習指導者との関わり

> それぞれの課で，様々なお話をしてくださり，多くの方と接することができた。"社福士との関わり"は明確には出来なかったが，それぞれの話の中で疑問に思うことは解決するようにしたし，意欲的に行動できていたと思う。

　実習指導者との関わりは十分にできたという達成感と，関わりを通して実習課題の解決に取り組めたことを評価している。

## ⑤援助技術や技能の修得

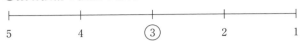

> 実際に利用者・相談者と関わることがなかったため，技術を習得したとは少し考えにくいとかんじた。しかし，見学させて頂くうちに，利用者への接し方や，利用者を支えるいくつもの方法について，理解できたと思う。

　実習施設の特性から体験からの技術の修得は難しかったが，観察することを通して実習施設の特徴をふまえた援助技術のあり方を学ぶことができた。

## ⑥利用者とそのニーズに関する理解

> E（後期実習施設名）に届くニーズは様々で，それぞれニーズをどう把握していくのか理解できるように努めた。職員のそれぞれの対応を見学する中で，ニーズの把握の仕方・やり方は個々がもっているもの（個々で異なるもの）だということも気付けた。

> 聞き手：5段階評価で4をつけていて，理由の欄に「職員のそれぞれの対応を見学する中で，ニーズの把握の仕方，やり方は個々がもっているもの（個々で異なるもの）だということも気付けた」と記入していますが，どういうことですか。
> Aさん：あのたぶん，生活保護世帯の訪問の時のことなんですど，同行してくれた方が何人かいらっしゃって県短卒の女性の方のやり方はすごく親しい感じで，もう1人の男の人はなんかそうじゃないと思うという話をしていて，明日その男の人と一緒に行くからあたしとの違いを見ててねって言ってくれて，その女の方はある程度話が続いてきたら親しみをもって硬く敬語づめじゃなくて，どうなのって感じで話してて，男の方は玄関まで

家の中に入らず玄関でどうなんですかって感じで，女性の方よりは形式的というか，事務所の役所の人的な感じなんで，そのわたしはこういうやり方っていう，話の聞き方もそれぞれあって，でも聞きたいことはちゃんとお二人とも聞いてて，その聞いてくる事は同じだけどやり方が違う事もあるんだなと感じたので，そういうことです。

聞き手：あなたはどのようなスタイルでいきたいですか。
Aさん：相手の利用者の方によって違うと思うんですけど，私もやっぱり年が近かったら親しみを持って話したいと思うし，年配の方だったら行儀良くしたいなって思うし，なんか私はこういうやり方って言ってたんですけど，私は決めなくて良いかなって思いつつもお二人を見て。その時その時でいいかなって，そんなに私はこうしようとかっては思わない。

　利用者理解とニーズの把握について，実習指導者の姿を見ることを通して様々な方法があることに気づいた。実習生は利用者が一人ひとり異なることをふまえてそれに合わせていきたいという展望を持つことができた。

⑦現時点における対人援助者としての適性

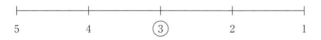

ニーズの把握の仕方・相談業務について考察はしたが，現時点でその技術を得たとは言えないと思う。しかし前回の実習よりは"ニーズ"についてすごく深いところまで，かつ様々な分野で考えられたと思う。

聞き手：5段階評価で3をつけていて，理由の欄に「前回の実習よりは"ニーズ"についてすごく深いところまで，かつ様々な分野で考えられたと思う」と記入していますが，どういうことですか。

96　第2部　保育士・社会福祉士の養成教育

Ａさん：前回の実習はニーズってことをあんまり意識してなくて，こうＤ（前期実習施設）で実習だったんで，しかも1週間だったんで，なんか関わりを重視してて，言葉じゃなくてどうやって話すのかとかすごい考えてて，そのついでというかお話のネタとしてどこを目指すのかとか聞いていて，そのお話の中で課題を見つけて発表してたんで，ニーズを見つけようとしてお話をしてたわけじゃなくて，だからどんなニーズがあるかとか明確にそのＤ（前期実習施設）のときは考えていなかったので，このＥ（後期実習施設）でそういえばあの時こういうニーズがあったんだと思うようになって，だからＥ（後期実習施設）ではすごい1つじゃないからＥ（後期実習施設）に来るニーズは，なのでどんなのがあるんだろうっていう，ニーズを重視して実習に取り組んだので，たぶん前よりは理解できたのではないかと思って。

聞き手：適性については理由の欄に記入がないのですが，どのように考えていますか。
Ａさん：自分が適しているかどうかってことですか……。適性していたいなあとは思うんですけど，なんだろうな，そのお話の仕方や聞き方とかはたぶん学んでいかないとわからないことなので，わからないんですけど，でも人の話を聞いたり相談してもらうとなんかその人の影響を与えなきゃと頑張っちゃう人なんで，そういうところは適性……，え，よくわからないです。適性って何ですか。
聞き手：あなたは適性についてどう考えますか。
Ａさん：対人援助者としての適性……，ニーズを把握する事が大事だって思ったんですけど，自分が今できるかっていうと，なんか気付いたんですが，どう把握する……，何か自分のやり方がまだわからないし……。
聞き手：現時点で自分に適性があると思えますか。
Ａさん：思えるところもあると思います。そうじゃないところもたぶんあ

ると思います。

聞き手：今回の実習で得られたニーズの把握の大切さという視点を持って今後現場に行けるという感触は持っていますか。

Ａさん：何か，授業でニーズニーズって言うんですけど，それにこうなんだろう……，話の中でこういうサポートが必要だっていうニーズをこういう場面でニーズをさりげなく把握しているっていう場面を見たのは実際に実習で初めてだったんで，そういう所でただお話を聞いてるんじゃなくて，気付けたなって思うのは良かったと思います。でも気付けて良かったって思ったけど，適性，それで対人援助者の適性があるとは思わなくて，こう何だろう，まだわからないなって，自信がないのもある。まあ気付けたって事は良かったと思います。

聞き手：今回の実習でニーズを把握する事の重要性に気付けたことは大きな収穫で，実習課題を達成できたのではないかと思いますがどうですか。

Ａさん：そうですね，なんか，ニーズの把握に気付けたじゃんて言ってもらって，１回目の巡回指導らへんで，あ，大事なんだってそこで気付いて，なんでそこから重点的に考えてやってたんで，実習課題よりもできたなって。自分でも後々，最後の方は実習課題はあまり見ず，自分で前の日より今日何しようって考えながらやってたんで，その日の課題を，なんですごい計画書より深いところまで学べたと思うし，良かったなあって思います。意外とＥ（後期実習施設）って色んなこと学べたかなって。浅くなっちゃうかなって思ってたんですけど……，良かったなって思います。

利用者のニーズを把握するという目的を持って取り組めたことへの達成感が述べられている。体験による援助技術の修得は難しかったが，社会福祉士として必要な知識や技術について気づきを得，考察を深めることができている。また，実習施設が担っている役割と機能についての理解が深まり，ニー

ズの把握というその視点はミクロ，メゾ，マクロレベルと多岐にわたることに気づいた。教員によるスーパービジョンによってニーズについての自分の気づきが重要であるとの認識を得られたことがポイントとなり，事前に立てた実習計画よりも学びが深められたと述べている。しかし，対人援助者の適性とはニーズの把握だけではない事にも気づいており，自分に適性があるかどうか不安に思っている。社会福祉士に対する自己の認識に気づくことで，自分の適性について考えている。

## 4-2 実習生Bさん

### ①実習課題の達成度

実習担当の方が，実習課題に合うプログラムの作成をしてくださった為，実習課題をほぼ達成することができた。また，以前の実習で不明確であったものを明確にすることができた。

聞き手：5段階評価で4をつけていて，理由の欄に「以前の実習で不明確であったものを明確にすることができた」と記入していますが，どういうことですか。
Bさん：利用者さんとの接し方が前の実習だと専門職の方の専門分野を聞かせてもらっていて，あまり触れ合うことが出来なかったので，今回は触れ合う機会が多かったので，たぶん触れ合い方とか，ちょっと介助もさせてもらったんですけど，介護のやり方とかそういうことができました。なんかあたし障害を持ってる方と触れ合ったことがなかったので，F（後期実習施設）で初めて出会ったので，なんか全然わからなくて，だからあまり普通で良いんだなと思いました。職員の方も普通に接していたので，あと何か障害を持っているから甘えていいんだよってことでもないことがわ

かりました。まだそんなにわかったわけではないんですけど，触れ合えたことで，障害者のイメージがあたしの中にはあまりなかったので，接したことがなかったので，こういう人たちがいるんだなってことが知ることができて良かったです。

　利用者との関わりを通して，障害を持っている方への認識について，一人の人間として理解し受容することの気づきを得ている。

### ②実習に対する意欲的な取り組み

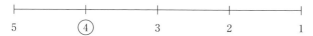

　実習のはじめの方は，意欲はあったものの，それ以上に緊張が先走ってしまったように思う。後半は，環境により慣れてきたこともあり，意欲的に取り組めた。

　意欲的な取り組みができたが，緊張感が先走り取り組みに支障が出てしまったという自分の課題に気づいた。

### ③場面や対象者に応じた対人理解や関わり

　言葉を話すことができない利用者さん（もしくは何を話しているのか聞きとることがうまくできなかった）に対しては，対人理解を行うのに少し戸惑ったが，表情や，その利用者さんの性格を知るうちに分かる部分が多くなった為，良かった。

　障害を持つ方への理解の深まりとともに，自身の関わり方について課題意識を持って取り組むことができた。

## ④実習指導者との関わり

> 実習担当の方は，こちらが1つ質問をすると，2つ，3つと答えてくれるような方で，とても勉強になった。また，とても気づかいの多い方だったので，社福士の業務への姿勢以外の点でも見習いたいと思った。

聞き手：5段階評価で5をつけていて，理由の欄に「とても勉強になった」と記入していますがどういうことですか。

Bさん：すごくいっぱいあったような気がするんですけど，質問をすると忙しくてなんかあんまり答えてくれない職員さんもいるが，担当の方は実習生の話に耳を傾けてくれるんですよ，でなんか，その方が実習生の時に職員さんとの関わりが難しかったという思いがあったみたいで，そういうのをなくしようということで，あとなんか実習生の育成の会にも出てるみたいで，すごい質問しやすかったです。すごくなんか知識が豊富だったのと……，その方と一緒に二人並んでやっていたんですよ，職員さんの方とその方と。なんかその職員さんは若い方だったんですけど，その職員さんもその方を尊敬しているなって伝わってきたんですよ，なんか電話の取り方もその方の口調に似てるんですよ。だからなんかその方がお手本になってるんだなって思って。でなんかすごい真面目なんですけど面白かったりして，すごいいい人でした。

聞き手：指導者さんから社会福祉士としての姿勢について学ぶところはありましたか。

Bさん：なんか社会福祉士の業務は色んなことがあると思うんですけど，その方はあんまり利用者さんと関わるのが少ないような気がしたんですよ最初，でもなんかすごい廊下なんかですれ違うときに1人1人に話しかけ

ていて細かい挨拶だけじゃなくて体調なんかも気遣っていたのでそんなところも見習いたいと思いました。

　実習指導者の指導力が素晴らしいと感じている。実習指導者の知識や技術だけでなく日常の利用者への関わり方から社会福祉士としてあるべき姿を学んでいる。

⑤援助技術や技能の修得

援助技術や技能の習得をしっかりと行うには，3週間は短いように思えた。ただ，個別支援計画書の作成については，実習前より十分に知識を深めることができた。

聞き手：5段階評価で3をつけていて，理由の欄に「援助技術や技能の修得をしっかり行なうには，3週間は短いように感じた」と記入していますが，もう少し時間があったらもっと修得できたと思いますか。
Bさん：なんか援助技術っていうのがあんまりわからなくて，援助ってなんか利用者さんと直接関わってなんかすることだなって思ったので，なんか個別支援計画の作成で関わっていたんですけど，援助まではあんまりしていない部分が多かったので3にしました。とりあえず個別支援計画の作成で頭がいっぱいだったので，あんまり援助のことは考えてませんでした。

聞き手：個別支援計画の作成自体が援助活動そのものではないですか。
Bさん：それも含めて良いんですか。接し方とかは実習前より分かった部分は多かったですが，個別支援計画にして書いていくとなんかほんとにこういう支援でいいのかなっていうのと，知識が足りなさ過ぎたんですよね。なんかシルバーカーあるじゃないですか，あれを使えば良いかなと私

は思ったんですけど，でもそれを使うには介護の認定を受けていなくちゃいけなくて，そういうことも知らなくて，援助をするより先に知識が足りなさ過ぎました。

　実習プログラムで実際の援助活動を行うことを通して，制度や社会資源についての知識が不足していることに気づいた。

⑥利用者とそのニーズに関する理解

利用者から，ニーズを引き出すことを，とても難しく感じた実習であった。ただ，ニーズを引き出す為に，利用者さんに対して尋問のように行うのではなく，利用者さんの意見を傾聴することも大切であると思った。

聞き手：5段階評価で3をつけていて，理由の欄に「利用者からニーズを引き出すことを，とても難しく感じた実習であった」と記入していますが，どういうことですか。
Bさん：個別支援計画の発表を利用者さんにした時に，それを参考にしてやっていきたいと言われたので，一応引き出すことはできたのかもしれないですけど，ちょっと引き出し方が尋問ぽかった所もあったんじゃないかと思って，引き出し方が……。

聞き手：個別支援計画書は実習指導者さんからはどんな評価でしたか。
Bさん：なんか印象に残ったのは，ここ最近来ている実習生の作った個別支援計画の中でもすごい上の方だよと言われたので嬉しかったです。

　個別支援計画書の作成を通して，社会福祉士の倫理的ジレンマを経験して

いる。専門職としての役割を果たそうとすればそれだけ，責任感が増し，利用者の自己決定を待つ余裕をなくす[8)]という事態に陥ったと考える。実習生はこれを認識し，尋問のようになった自身の行動を反省し，どうすれば良いのか考え始めている。

### ⑦現時点における対人援助者としての適性

対人援助職としての適性についてはあまり自信が無かった（適性がどのようなものなのか，自分の中であまり分からない）が，実習担当の方に，自信を持ってと言っていただいたので，表面的な自信だけではなく，実力の伴った自信を身に付けていけるようにしたいと思う。

聞き手：5段階評価で4をつけていて，理由の欄に「適性がどのようなものなのか，自分の中であまりわからない」と記入していますが，どういうことですか。
Bさん：人をまとめて，意見と意見の間の板ばさみになっちゃう時もあるから，やっぱり自分の意思を強く持っていないとだめだなっていう，私はすごく流されやすいので，なのであんまり……だと思います。あんまり強く持ちすぎても人の意見が取り入れられないじゃないですか，でもなさすぎるとだめな気もするので，なんかそこの調整が難しいけど，やっぱりちょっとイメージとして持っていた方がいいなとは思ってるんです。

聞き手：そうなるにはどうしたらいいと思いますか。
Bさん：ちょっと偉い人の話も聞いてみる。施設長さんとかすごい話しやすい人なんです，F（後期実習施設）とか，なんか，でも言っていることがすごいんですよ。だから聞いてみたりして，後はやっぱり自分で考える。

104　第2部　保育士・社会福祉士の養成教育

聞き手：理由の欄に「適性がどのようなものなのか，自分の中であまりわからない」と記入していますが，どういうことですか。

Ｂさん：どういうことなんですかね……。自分に適性があるのかわからない……。なんか社会福祉の人の仕事って人の意見を聞くことも大事だと思うんですけど，そこの部分はちょっとできるような気もするんですけど，そこからどう繋げていくかはちょっと私には難しかった気がします。

聞き手：評価は4で，理由の欄には適性についてあまり自信がないということと適性がどのようなものかわからないと書いてあって，ギャップがあるように感じたんですが。

Ｂさん：ほんとは3にしたかったんですけど，これ書いてる時○○先生でしたよね，だから3じゃまずいと思って。なんかそんな気がしました。

聞き手：自己評価なので先生のことは気にしなくていいんですよ。どうして3なんですか。

Ｂさん：あんまりできていないと思ったからです。

　適性があると思うかという問いに対して，迷いながら適性がどういうものかわからないと述べている。実習で社会福祉士と他職種との関係やその調整の実際を目の当たりにし，社会福祉士は人と人あるいは人と社会資源の「調整」を行うことが重要な役割であることに気づいたが，自己の特性を鑑みて，人の意見を聞くまではできるが，自分の意見を持ち有機的に機能させるといったところまでは難しいと自己に対する認識を深め，自身の課題として意識している。

## 4-3 実習生Cさん

### ①実習課題の達成度

他職種同士の連携を知ることができた。入所から退所までの流れとしては，利用者の流れを見るのは難しいということで，相談員の役割として知ることができた。利用者に寄り添い，状況を把握し，ケアプランにいかすことができた，という点で三点が達成できたと思う。ニーズについて理解を深めることと地域での生活についてはもう少し学ぶことができたのではないかと思い，4とした。

聞き手：5段階評価で4をつけていて，理由の欄に「ニーズについて理解を深めることと地域での生活についてはもう少し学ぶことができたのではないかと思い，4とした」と記入していますが，どういうことですか。
Cさん：あの特にそのニーズについての理解は，生きがいとかも理解に含んで，私はなんか，利用者さんに関わる中で理解を深めるべきだと思ったんですけど，実際やってる中で，やっぱりコミュニケーションがうまくいかなかったりだとか，自分が知りたいと思ったところまでも知るべきとこまでも到達しなかったので，そこでもっと知れるようなコミュニケーションとかして理解を深めることができたんじゃないかと思ったことと，あと地域での生活についてもう少し学ぶことができたのではないかというのは，あの個別支援計画を利用者さんに説明した後に，利用者さんがいない所で施設長と実習担当の職員さんと相談業務の人となんか自分発表したんですけど，それについてこの利用者さんの地域の資源，家の周りの活用できる資源なんかあるのって聞かれた時に答えられなくて，そういう所まで知らなきゃいけなかったのかって思って，それで足りなかったなと思って4にしました。

達成したとの評価は高いが，反省点と課題を明確にしている。ケアプランの作成を通して，援助活動における社会資源の知識と活用の意味に気づいた。

②実習に対する意欲的な取り組み

分からない事を知ろうと積極的に職員に質問した。また，個別支援計画の作成が難しく感じられたが，分からないなりに改善点を出し，改めて作成に取りかかることができたと思う。しかし，利用者とのかかわりが積極的にできず，つっ立っていた時間もあったので4。

聞き手：5段階評価で4をつけていて，理由の欄に「利用者とのかかわりが積極的にできず，つっ立っていた時間もあったので4」と記入していますが，どういうことですか。
Cさん：これはえーっとあの個別支援計画を立てた時間とは別の時間に利用者さんの日中活動をしている時に広場にいたんですけど，なんかなかなか利用者の人達に話しかけるのができなくて，あとなんか障害者の施設に行ったのも初めてだったんで，やっぱり関わり方が最初わかんないのもあって，話しかけても反応がなかったりするとどうしていいかわかんなくて，でそういう時間はただ見守っているだけっていう感じで，ちょっと離れた所で立っているだけの時間があったので，ちょっとだめだったなあと思います。その時間は何していいかわかんない時が多くて，そういう時間が多かったです，ずっと。

聞き手：どうしたらいいと思いますか。
Cさん：なんか他の職員さんは他の仕事をされてて，なんかあの飲み物を作ったりしてるんですけど，たぶんこの時間は私たちは実習生として利用

者さんと関わる時間として設けてもらっているので，利用者さんに関わるべきなんですけど，なんか一歩引いてる部分があるっていうか，どういう風に近づいていったらいいかわかんなくて，でそこはなんかたぶん頑張れば入っていくことができたんだけどそれをしなかったっていう感じなので，うーん，なんか他の職員さんがいるのがなんかいやなんですよ私は。いる中で自分がすごい，すごい入っていくのが恥ずかしいっていうのがあって，ほんとはすごく頑張れば利用者さんに近づくことができるんですけど，そういうのが恥ずかしいっていうのもあって入れなかったんで，頑張ったらできたんじゃないかっていう……，はい。

　利用者への関わりが積極的にできなかったことについて，言葉によるコミュニケーションが難しい利用者への関わりがわからなかったため，そして積極的に関わろうと試行錯誤する自分を見られるのがいやだと述べている。自分ができなかったことについての気づきを得たが，もう少し頑張れたのではないかという自己に対する認識と，社会福祉士としての役割を実践することへの戸惑いがあると考える。

### ③場面や対象者に応じた対人理解や関わり

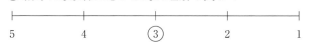

個別支援計画を作成するにあたり，一人の利用者に寄りそい，情報を引き出しニーズを引き出し，計画を生かしていくという流れの中で，利用者との会話や関わりから情報を引き出すのがとても難しかった。もっと勉強したいと思う。対人理解ももっとできたのではないかと思う。

聞き手：5段階評価で3をつけていて，理由の欄に「対人理解ももっとできたのではないかと思うので3」と記入していますが，どういうことですか。

> Cさん：これはちょっと①とかぶってて，やっぱり個別支援計画書を作る時にもっと，最初はやっぱりその人について何もわからない状態なので，質問することがちょっと的外れとかそういうの全然いいと思うんですけど，なんか1回初めて話した後にやっぱり得た情報について自分で分析したりとかして，でなんかどんどん深められるようにしないと，なんか反省しないで次に行くとまたなんかあんまりわかんないまま関わる形になるとおもうので，自分でもっと分析するべきだったんじゃないかな……と思います。

　利用者理解を深めるため，自分の実践を振り返り反省し考察するという過程が大切であることに気づき，情報の分析という具体的な利用者理解の方策を身につけたいという課題を見つけることができた。

### ④実習指導者との関わり

> 実習指導者に，様々な知識を与えていただき，それに対して分からない事には疑問を返すことができた。しかし，もっと自分の考えを述べ，それについてもお話を伺うことができれば良かったと思う。

聞き手：5段階評価で4をつけていて，理由の欄に「もっと自分の考えを述べ，それについてお話を伺うことができれば良かったと思う」と記入していますが，どういうことですか。
Cさん：述べられなかったというか，なんか，得た情報はいっぱいあるんですけど，それに対してああそうなんだとなるだけで，なんか述べるっていうか，自分でもっと考えるというか，それをもっと職員さんに伝えて，それでなんか比較してみるだとか，意見をもらったりだとかっていうこと

第5章　社会福祉士実習教育の評価　109

をしたらたぶんなんか色んな考えも深まったし知識も得られたんじゃないかという反省です。

　実習指導者との関わりを通じて，やはり自分の取り組みの姿勢について反省と課題を得ている。与えられたプログラムをこなすだけでなく，そこに自身の考察を加えることでより深まったのではないかと振り返っている。

#### ⑤援助技術や技能の修得

　今回の実習では，相談員としての役割を知ることができたと思う。施設で働く職種の役割を1回1回オリエンテーションしていただくことができたので，直接その職種の職員と話を聞くことができ，様々な事を学べた。個別支援計画の作成の仕方，流れも知ることができた。

聞き手：5段階評価で5をつけていて，理由の欄に「今回の実習では，相談員としての役割を知ることができた」と記入していますが，どういうことですか。
Cさん：あー，なんか……忘れちゃいました……。身体障害の施設なんですけど，身体障害がメインなんですけど，他の障害のことについてもなんか相談に乗ったりとか，あの市からも委託して相談事業を行っていたりとか，あとなんか自立支援協会にも出て，その身体障害の部門であのなんかお互いになんか色んな施設の事例とか勉強会とか開いて，なんか施設同士に質を高めようとしているところが知れました。ここはなんか自信ないです，忘れちゃった……。修得できたのは個別支援計画を作成する中でなんかよく考えたら修得じゃないかもしれないんですけど，情報のその分析の仕方とか，そういうのを教えていただいて，それでなんか後半はそれに

沿って，自分でもできているかはちょっとよくわかんないんですけど，すごい聞いた情報を得て他の新しい情報とか新たな可能性とかに繋げるようになんか自分ですごいこうなんじゃないかいう，枝分かれさせてみたいなだったので，それはなんか役に立つなと思って，得られたことだなと思いました。

実習施設の特性を理解し，社会福祉士や他職種の業務内容や連携，関係機関との連携を知ることができたと述べている。また自分で個別支援計画書を作成することで援助の実践過程を体験し，援助技術を学んだという達成感を得ることができたと考える。

#### ⑥利用者とそのニーズに関する理解

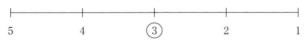

個別支援計画を作成した後，それについて感想をいただいたが，職員の話を聞き，もっと理解を深められたのではないかと思うし，そのポイントがあったと思う。今後の課題にしたい。

聞き手：5段階評価で3をつけていて，理由の欄に「もっと理解を深められたのではないかと思うし，そのポイントがあったと思う」と記入していますが，どういうことですか。
Cさん：それも職員さんから聞いたことなんですけど，やっぱり今どういう状態かっていうそれも大事なんですけど，そのどうしてそうなったかっていう理由とか，今後どうしたいかっていう気持ちとかは過去にヒントがあることもあるし，なんか過去があって今があるってことをちゃんと理解して，ていうことを聞いて，私個別支援計画を作成した時に，やっぱり今のことに中心に話を聞いていたので，やっぱり過去とかちゃんと注目して

……，うーん，いれば良かったなって思いました。

　実習を深めるポイントとして，目の前の現在の利用者の姿だけを見るのではなく，これまでの生活史を知ることでより理解を深めることができるという気づきを得ることができた。利用者を社会的存在として捉えることの重要性に気づいた。

⑦現時点における対人援助者としての適性

自分の努力によると思う。一つ一つに課題意識を持ち，考えようとしていくことができれば対人援助をより深く学んでいくことができるのではないかと思う。逆に自分から何もしようとしなければ，向かないと思った。

聞き手：5段階評価で3をつけていて，理由の欄に「自分の努力によると思う。自分から何もしようとしなければ向かないと思った」と記入していますが，どういうことですか。
Cさん：これはやっぱりあの……まだ就職決まってないんですけど，一応なんか保育士受けるんですけど，そこに就職するにしても毎日自分で保育の実践について振り返ったりしないとたぶん毎日同じことになるか，良い保育に繋げていけられないとか，なんか自分でも能力が落ちていくばっかりだと思うので，そこはやっぱり自分で何だろ毎日課題を持って，それを達成するようにして反省してみたいなことちゃんと自分でやらないと……たぶんだめになるんだと思います。
聞き手：「自分の努力によると書かれていますが，Cさんは努力をする方向に向いているのでしょうか，どのように思っていますか」
Cさん：でもこれは……なんだろ……。これにできるように，まあ向かっ

112　第2部　保育士・社会福祉士の養成教育

> ていかなければならないと思うんですけど，ちょっと未来のことはわかんないなと思って。

　適性とはこれからの自分の努力によって備わっていくものであると考え，自分はそこへ向かっていくのかどうかを思案している。対人援助職に就こうとする入口に立って揺らいでいる状態であると考える。

## 5．考察

### 5-1　本研究の結果からみた「実習自己評価表」の意義

　3名の実習生の「実習自己評価表」とインタビューのナラティブの分析結果から，まず，5段階評価の数値のみでは把握できない各評価項目の達成の内容が明らかになった。評価項目①実習課題の達成を見ると，実習生Aさんは課題を達成できて考察も深められたからという理由で4をつけている。一方，実習生Cさんは実習課題のうちニーズの理解と地域生活についての学びが不十分だったので4をつけたと理由欄に記載している。AさんとCさんが同じ4をつけていても，実習生個々で実習課題が異なるのでその評価の意味も異なることがわかる。

　次に特徴的なのは，いずれの学生も評価項目について達成できたことと，達成できなかったことを明確にしていることである。実習を振り返り，達成したことと，達成できなかったことを分け，そして，達成できた要因は何か，達成できなかった要因は何かということを考えていることがわかる。

　また，理由欄で葛藤や不安が繰り返し語られることで課題が浮き彫りになることもある。実習生Aさんは，実習課題は予想以上に達成できたと評価している一方，プログラムによっては受け身の姿勢になっていた時もあるとし，自分が関心を持てない分野への取り組み姿勢については，これまで関心が持

てなかったことを「実習自己評価表」の理由欄で明らかにしたうえで，インタビューでそれが社会福祉士としてどういう意味を持つかを考え，これまでの姿勢を変えていく気持ちになりつつあることを述べている。また，実習生Ｃさんは，複数の評価項目において，積極的に自分から学ぶことが足りなかった，もっとできたのではないかと振り返っている。自分の努力次第であり，自分から何もしようとしなければ対人援助職には向かないと述べている。実習課題の達成感があると同時に，自分自身のあり方に目を向け一歩踏み出そうか思案している姿が見てとれる。これらは数値だけでは到底測り知ることのできないことではないだろうか。

　このように学生は評価とその理由を記述することにより，実習を振り返り，反省や考察を行い次に成すべき学習の方向と課題を明確にすることができるのである。一方，教員は評価とその理由を知ることで，①教育目標及び学生個々の実習の課題がどの程度達成されたか，②何をもって達成としたのか，③どのように達成されたか，④達成できなかった事は何か，⑤達成できなかった要因は何か，ということを把握することができる。①については数値の評価で明らかになるが，②から⑤については数値のみでは知るよしもない。理由を記述しているからこそ，効果的なスーパービジョンを行うことができると考える。

　以上から，「実習自己評価表」の理由欄の設定は有効であり必要であることが示された。

## 5-2　形成的評価としての評価表

　次に「実習自己評価表」は形成的評価として機能しているか検討する。

　形成的評価の定義は，「教育活動の途上で中間的成果を把握し，活動自体の軌道修正のために，また次の段階の指導や学習の方向や課題を明確化するために用いる」であった[9]。

　まず，「実習自己評価表」が実施される時期は，教育課程の中間点であり，

114　第2部　保育士・社会福祉士の養成教育

事前学習と実習が終了後の事後学習の第1講である。「実習自己評価表」は7つの評価項目の5段階評価による評価とその評価理由欄から構成されており，学生は数値で評価するだけでなく，なぜその数値としたのか理由を記述する。これは「教育活動の途上で中間的成果を把握する」ことと考えられる。

　また，教員は，実習指導者による実習評価表と学生が作成した「実習自己評価表」を用いて個別スーパービジョンを実施する。そしてグループスーパービジョンで実習体験を共有しつつ，学生個々が自分の実習の振り返りをまとめ，実習報告会で発表する。さらに実習報告会の発表内容を基にして，個別のスーパービジョンとグループスーパービジョンを受けながら実習の反省と考察を深めて実習報告書を作成する。つまり，「実習自己評価表」は，事前学習と実習の成果を明らかにするものであり，事後学習で学ぶべき課題を明らかにするものとして用いられているのである。よって，「活動自体の軌道修正のために，また次の段階の指導や学習の方向や課題を明確にするために用いる」と言える。

　以上から，「実習自己評価表」は実習教育の形成的評価として位置づけることができると考える。

## 5-3　実習自己評価表におけるエンパワーメント評価の可能性

　エンパワーメントは，平和の概念や健康の概念などと同じように，実現すべき理想的状態をあらわす価値概念である。と同時に，それは，その価値の実現のための介入や活動を評価するための分析概念でもある。エンパワーメントの支援には，計画・介入・評価というサイクルが必要である[10]。

　社会福祉においてもエンパワーメントは重要な価値概念であり，当然社会福祉士養成教育においても実現されなければならないと考える。したがって，社会福祉士養成教育の核となる社会福祉士実習教育においてエンパワーメント評価を実現したいと考える。その方策の第一として，形成的評価である「実習自己評価表」は学生をエンパワーメントし得る評価となるかその可能

性を探索する。

エンパワーメント評価とは何か。先行研究者の定義を紹介する。

伊藤（2007）はフェッターマンの定義を紹介し，エンパワーメント評価の定義を以下のように述べている。

フェッターマン[11]によれば，エンパワーメント評価とは，「改善と自己決定を促進するための評価概念とテクニックと知見の使用」である。その特徴を整理すると，以下のようになる[12]。

①それは質的・量的の両方の方法論を用いる。

②個人にも，組織にも，コミュニティにも，社会や文化にも適用可能であるが，通常プログラムに焦点をあてる。

③エンパワーメント評価は，人々の自助を助け，プログラムの改善をおこなうという，はっきりとした価値志向をもっている。

④自己評価と反省の形式：当事者も含めプログラム参加者は自身で評価を行うことが基本である。外的評価者はコーチやファシリテータとして振る舞うことがある。

⑤エンパワーメント評価は，必然的に，個人作業でなく協働作業である。

⑥エンパワーメントするのは評価者でなく参加者自身である。

⑦エンパワーメント評価は，エンパワーメントと自己決定を導く環境を創りだす。

⑧プロセスは，基本的に民主的である。問題を全コミュニティに公開する参加型であることが求められる。

⑨社会的文脈と変革と移行をもたらすためのものである。

⑩プログラムの価値の査定（assessment）は，伝統的評価にあるように評価の終点ではなく，プログラム改善の途上のプロセスである[13]。

フェッターマン[14]によれば，自らが関わる事業を改善し，自発的に自らの

状況を改善しようとする人々（またはグループ）に対し，自己評価と反省を通して，自己決定能力を身につけるプロセスを提供することであると定義されている[15]。またフェッターマンは，エンパワーメント評価は「当事者が『自己決定能力』を身につけるプロセスを提供し，変革を支援するもの」として活用し，エンパワーメント評価を実施するうえで，（1）ミッションの確立，（2）現状の把握，（3）将来のための計画の策定が重要だとしている[16]。また伊藤（2007）はこれについて，エンパワーメント評価は，対話を重視しながら，（1）現状を把握し，（2）将来のための策定をしていく，といった「プロセス」そのものであると言えるとしている[17]。

　では「実習自己評価表」はこれらの定義に沿うものであるのか。前述のフェッターマンの定義と比較してみる。「自らが関わる事業を改善すること，自発的に自らの状況を改善しようとする人々（またはグループ）に対し，自己評価と反省を通して，自己決定能力を身につけるプロセスを提供すること」という定義において「実習自己評価表」のあり方がそれをほぼ満たしていると考えられるが，最後の「自己決定能力を身につけるプロセスを提供すること」という点においては，「実習自己評価表」の作成がそれを果たしているかは疑問がある。その原因として考えられるのが，「実習自己評価表」の評価項目の策定が教員のみによって行われているということである。自己評価をすることでエンパワーメントされることを目指すのであれば，まずは自己評価表の策定段階から学生の学習ニーズ，獲得スキルのニーズなどを聴取するなど，自ら評価したい項目の策定活動に何らかの形で参与することが有効ではないかと考える。これを今後の課題とし，「実習自己評価表」が学生をエンパワーメントする，エンパワーメント評価として位置づけていくことを提案したい。

## 5-4　本研究の限界と今後の課題

　本研究の限界は，対象者が3名のみに限られていることである。今後はよ

り多くの対象者からのデータを集積し，ナラティブのより深い分析が求められよう。それにはテキストマイニングの手法を用いた分析を進めることも有効であると期待される。とはいえ，実習教育における評価表を形成的評価の文脈で位置づけた点で，その理論的・実践的意義は大きいといえよう。

**謝辞**
　3名の研究協力者の学生に感謝いたします。


**注**
1）静岡県立大学短期大学部（2011）静岡県立大学短期大学部大学案内2011-2012. 11.
2）梶田叡一（1986）形成的な評価のために. 明治図書. 81.
3）柿本誠（2004）社会福祉援助技術現場実習評価の実態と課題—形成的評価の必要性—. 日本福祉大学社会福祉論集, (111), 53, 68-69.
4）野口裕二（2002）物語としてのケア—ナラティブアプローチの世界へ—. 医学書院. 14-15.
5）伊藤武彦（2007）エンパワーメント評価—コミュニティのための参加型評価—. 井上孝代（編著）. エンパワーメントのカウンセリング—共生的社会支援の基礎—. 川島書店. 245-262.
6）梶田叡一（1995）教育評価—学びと育ちの確かめ—（三訂版）. 財団法人放送大学教育振興会. 9.
7）前掲書2）
8）社団法人日本社会福祉士養成校協会（2009）相談援助実習指導・現場実習教員テキスト. 中央法規出版. 34.
9）前掲書2）
10）前掲書5） p. 245.
11）Fetterman, D. M., (2001). *Foundations of empowerment evaluation*. Thousand Oaks, CA: Sage.
12）前掲書5） p. 248.
13）前掲書5） p. 248.
14）前掲書11）

118    第 2 部　保育士・社会福祉士の養成教育

15）前掲書 5 ）　pp. 248-249.

16）前掲書 5 ）　pp. 253-255.

17）前掲書 5 ）　p. 255.

# 第6章 社会福祉士実習教育における教育評価の検討
―学生の実習報告書のテキストマイニング分析を通して―

キーワード：社会福祉士，実習教育，総括的評価，実習報告書，テキストマイニング，
　　　　　　エンパワーメント評価

## 1．問題

　筆者の勤務する静岡県立大学短期大学部社会福祉学科社会福祉専攻の教育目標は，伊藤・井上（2011）でも紹介したように，「①地域社会の変化に関心を持ち，福祉の担い手として主体的に発展向上させる能力を養う　②多様な福祉ニーズに対応できるように，総合的に物事を判断できる能力を養う　③対象者の自立と自己実現を目指して，保健・医療分野と連携し協働できる能力を養う　④人に対して暖かい眼差しを持ち，あらゆる場面において人権を尊重することができる能力を養う　⑤社会福祉専攻では，相談援助のできる保育士と，高度な社会福祉専門的知識と技術を兼ね備えた社会福祉士を養成する」である。この教育目標にそった社会福祉士養成教育のカリキュラムの中心となるのが「社会福祉援助技術現場実習指導」（講義形式）及び「社会福祉援助技術現場実習」（実習活動）である。実習教育科目における教育目標の達成は重要な課題であり，伊藤・井上（2011）は，学習のプロセスに学生及び教員がどのように取り組むのかが重要であると考え，実習自己評価表の形成的評価としての位置づけを検討した。

　実習評価の形成的評価の必要性について論じた柿本（2004）は，実習評価は総括的評価と形成的評価を車の両輪のように位置づけるべきであるとしている。形成的評価表を用いて学生と教員の面談による実習振り返りを積み重

ね，常に個人の目標達成のため実習や授業へのフィードバックを繰り返し，形成的評価と総括的評価を相互に組み合わせて，評価を学生と教員が個別面談でこれまで何を学んだのか，またこれから何を学ぶか再確認をするために活用するとしている。柿本（2004）は，同時に総括的評価の重要性も指摘している。

　社会福祉士実習教育の学習成果に関する先行研究は，竹内ら（2009）が実習報告書の内容から学生が「実習で学んだこと」に相当する文章をピックアップし，学生が実習課題の作成の際に用いるアセスメント票（関西福祉大学社会福祉学部作成）の42項目に照らし合わせるという分析方法で行っている。その結果として，実習生が学んだ内容は社会福祉士の「技術」領域における「コミュニケーション」についての学びが最も多く，次いで「価値」領域における「信頼関係」についての学びが多く，次いで「技術」領域における「利用者の特性」と「関心・関わり」が多いことを明らかにした。そして実習施設種別による学びの内容の違いについては，児童施設で「関心・関わり」の理解が高く，障害者施設では「信頼関係」の構築，高齢者施設では「コミュニケーション」，公的機関・社会福祉協議会では「業務内容」が高いことを明らかにした。実習教育科目の評価に関する研究は，その方法について検討したものが多く，教育目標の達成について検証した研究は少ない。

　社会福祉士実習教育における形成的評価とエンパワーメント評価に関する先行研究は，伊藤・井上（2011）が，実習自己評価表を対象にナラティブ分析を行ない，形成的評価として意義があることを明らかにし，さらにエンパワーメント評価として位置づける可能性を検討しその実現における課題を明らかにした。

## 2．目的

　本研究は，実習教育科目の総括的評価のひとつとして用いられる「実習報

告書」に注目し，実習教育科目の評価として「実習報告書」が総括的評価としての機能を果たしているかについて検討する。「実習報告書」を対象にテキストマイニングの方法による分析をおこない，実習教育における総括的評価として，報告書に見られるナラティブ（物語り）の位置づけを明確にすること，そして「実習報告書」が総括的評価を越えて，学生をエンパワーメントするエンパワーメント評価としての位置づけを検討することを目的とする。

## 3．用語の定義

　教育評価とは，「教育活動の中で，どのような学びがなされたのか，どのような育ちが実現したのかを確かめ，その結果を教育的に活用することである」（梶田，1995）という定義を用いる。教育評価の機能は①学習活動の事前に行われる診断的評価，②学習活動の過程で実施される形成的評価，③学習活動の終了時に実施される総括的評価に分類される。このうち総括的評価（Summative evaluation）とは，ある一定期間の教授・学習が終了したあと，その期間で，児童・生徒がその学習内容およびその目標をどの程度習得することができたかを総括的に評価する方法である（東ら，1988）。

## 4．方法

### 4-1　対象者

　平成22年度及び23年度に実施された社会福祉援助技術現場実習の前期・後期実習を修了した平成23年度履修生32名のうち，研究協力を得られた21名である。

122　第2部　保育士・社会福祉士の養成教育

## 4-2　データ収集方法

　平成23年度3月発行の「平成23年度社会福祉援助技術現場実習報告書」
(以下，実習報告書) のうち，研究協力を得られた21名の原稿を用いた。

## 4-3　分析方法

　実習報告書の記述をテキストファイル化してエクセルに読み込ませCSV
データを作成し，Text Mining Studio Ver. 4.1 (NTTデータ数理システム) で
分析をおこなった。

　語りのデータは実習報告書の構成様式に従い，1はじめに，2前期実習
(以下，前期実習)，3後期実習 (以下，後期実習)，4おわりに，の4項目をそ
れぞれ1件のデータとし各1行として合計84件のデータを入力した。分析は
(1) テキストの基本統計量，(2) 単語頻度分析，(3) 評判分析，(4) こと
ばネットワーク，(5) 対応バブル分析，(6) 原文参照の順に行った。

　分析結果で得られた学びの内容の分類方法は，竹内ら (2009) の研究で用
いられたアセスメント票から抜粋した項目に若干の修正を加え，表Aの通り
とした。

## 4-4　倫理的配慮

　「平成23年度社会福祉援助技術現場実習報告書」を研究対象とすることに
ついて，静岡県立大学短期大学部研究倫理審査委員会の承認を得ている。承
認後，同校同窓会長へ該当卒業生名簿の貸与を申請し，許可を得た後データ
の貸与を受けた。同データを基に平成23年度社会福祉援助技術現場実習履修
者へ文書にて①研究目的，②「平成23年度社会福祉援助技術現場実習報告
書」の該当執筆部分を分析対象とすることへの協力依頼，③個人が特定され
ないよう配慮することを説明し，協力承諾の諾否及び承諾の場合は記名を依
頼した。承諾を得られた人の執筆部分のみ分析対象とした。

## 表A　実習における学びの内容の分類項目（竹内ら，2009を改変）

| 領域 | | 項目 |
|---|---|---|
| 知識（現場を知る） | 実習機関・施設の概略 | 役割・目的<br>理念・目標<br>法律<br>財源<br>業務内容<br>地域との関わり<br>他機関との連携<br>課題 |
| | 職員 | 資格<br>やりがい<br>役割分担<br>チームワーク |
| | 活動内容 | 活動の流れ<br>日常生活<br>日中の活動<br>余暇活動 |
| 技術（行う）<br>（援助関係をつくる） | 利用者について | 利用者の特性<br>言動や感情を受けとめる<br>利用者の環境 |
| | 援助技術の方法 | 関心・かかわり<br>コミュニケーション<br>介助の仕方<br>アセスメント（ニーズ把握）<br>ケアプラン作成（個別支援計画）<br>環境への働きかけ<br>地域のニーズ<br>ニーズへの対応 |
| 価値観 | | 個別化の原理<br>本人意思・自己決定<br>信頼関係<br>受容 |
| 自己覚知 | | 感情を見つめる<br>自分に気づく<br>仕事への適性<br>利用者への印象<br>福祉観の変化 |

124　第 2 部　保育士・社会福祉士の養成教育

## 5．結果

### 5-1　基本情報

**表 1　基本情報**

| 項目 | 値 |
|---|---|
| 総行数 | 84 |
| 平均行長（文字数） | 329 |
| 総文数 | 935 |
| 平均文長（文字数） | 29.6 |
| 延べ単語数 | 10617 |
| 単語種別数 | 2220 |

　表 1 は実習報告書の記述内容の基本情報である。実習報告書の様式「はじめに」,「前期実習」,「後期実習」,「おわりに」の 4 項目をエクセル表に 1 行単位で入力して研究協力者 1 名につき 4 行とし全21名分で総行数が84行，平均行長が329行であった。総文数は935文で平均文長は29.6文であった。また，報告書における内容語の延べ単語数は10,617個であった。

### 5-2　単語頻度分析

　単語頻度分析とは，テキストに出現する単語の出現回数をカウントすることによる分析である。図 1 は上位20位までの単語を表している。最も多いのが「利用者」で434回，「実習」は191回，「行う」は136回，「支援」「職員」は130回，「人」は126回，「自分」は105回，「施設」は104回，「生活」は80回，「学ぶ」は72回，「コミュニケーション」は71回，「考える」は70回，「大切」は67回，「関わる」は51回，「気持ち」「良い」は50回だった。

　前期実習の単語頻度（上位20位）（表 2）においては，「自分」が17回と高く，実習施設種別では「子ども分野」で 8 回と最も頻度が高かった。また，「職員」が15回で，特に「子ども分野」で 7 回と最も高かった。そして「関わり」が13回で，特に「子ども分野」が 9 回と高かった。後期実習の単語頻度（上位21位）（表 3）においては，出現頻度が最も高かったのは「利用者」で177回，実習施設種別では「成人分野」が98回，「老人」が68回であった。また，「職

第6章 社会福祉士実習教育における教育評価の検討　125

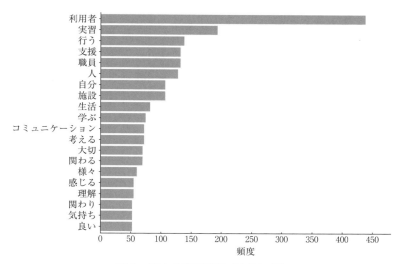

図1　原文の単語頻度（上位20位）

表2　前期実習の全体（上位20位）と実習施設種別の単語頻度

| 単語 | 品詞 | 頻度 | 実習施設種別 ||||
|---|---|---|---|---|---|---|
| | | | 子ども | 成人 | 総合 | 老人 |
| 実習 | 名詞 | 18 | 8 | 6 | 1 | 3 |
| 自分 | 名詞 | 17 | 8 | 4 | 1 | 4 |
| 職員 | 名詞 | 15 | 7 | 5 | 0 | 3 |
| 関わり | 名詞 | 13 | 9 | 1 | 0 | 3 |
| 支援 | 名詞 | 13 | 5 | 4 | 1 | 3 |
| 生活 | 名詞 | 13 | 4 | 5 | 1 | 3 |
| 大切 | 名詞 | 13 | 5 | 4 | 1 | 3 |
| 必要 | 名詞 | 13 | 5 | 2 | 2 | 4 |
| 利用者 | 名詞 | 13 | 3 | 6 | 1 | 3 |
| 施設 | 名詞 | 12 | 6 | 4 | 0 | 2 |
| コミュニケーション | 名詞 | 11 | 5 | 4 | 0 | 2 |
| 時間 | 名詞 | 11 | 4 | 4 | 0 | 3 |
| 理解 | 名詞 | 10 | 1 | 4 | 1 | 4 |
| 気持ち | 名詞 | 9 | 4 | 2 | 0 | 3 |
| 言葉 | 名詞 | 9 | 5 | 3 | 0 | 1 |
| 人 | 名詞 | 9 | 3 | 2 | 2 | 2 |
| 様々 | 名詞 | 9 | 4 | 3 | 1 | 1 |
| 関係 | 名詞 | 8 | 4 | 2 | 1 | 1 |
| 行動 | 名詞 | 8 | 3 | 2 | 1 | 2 |
| 声 | 名詞 | 8 | 4 | 3 | 0 | 1 |

126    第2部　保育士・社会福祉士の養成教育

表3　後期実習の全体（上位20位）と実習施設種別の単語頻度

| 単語 | 品詞 | 頻度 | 実習施設種別 | | | |
|------|------|------|------|------|------|------|
| | | | 子ども | 成人 | 総合 | 老人 |
| 利用者 | 名詞 | 177 | 8 | 98 | 3 | 68 |
| 実習 | 名詞 | 61 | 9 | 25 | 3 | 24 |
| 職員 | 名詞 | 55 | 9 | 24 | 7 | 15 |
| 支援 | 名詞 | 48 | 1 | 37 | 0 | 10 |
| 人 | 名詞 | 37 | 1 | 14 | 11 | 11 |
| 施設 | 名詞 | 35 | 5 | 17 | 3 | 10 |
| 様々 | 名詞 | 29 | 1 | 10 | 1 | 17 |
| 自分 | 名詞 | 26 | 3 | 16 | 3 | 4 |
| 大切 | 名詞 | 26 | 3 | 11 | 2 | 10 |
| 生活 | 名詞 | 25 | 3 | 7 | 2 | 13 |
| 理解 | 名詞 | 23 | 2 | 17 | 1 | 3 |
| コミュニケーション | 名詞 | 22 | 3 | 16 | 0 | 3 |
| 情報 | 名詞 | 22 | 0 | 14 | 1 | 7 |
| 地域 | 名詞 | 20 | 11 | 0 | 5 | 4 |
| Bさん | 名詞 | 19 | 5 | 14 | 0 | 0 |
| それぞれ | 名詞 | 19 | 0 | 6 | 2 | 11 |
| 気持ち | 名詞 | 18 | 10 | 6 | 0 | 2 |
| 連携 | 名詞 | 16 | 0 | 1 | 3 | 12 |
| 相談員 | 名詞 | 15 | 0 | 0 | 0 | 15 |
| 相手 | 名詞 | 14 | 5 | 6 | 3 | 0 |
| 認知症 | 名詞 | 14 | 0 | 0 | 0 | 14 |

員」が55回と高く，「成人分野」で24回，「老人分野」で15回であった。次に「支援」が48回で，「成人分野」で37回，「老人」分野で10回であった。特徴的なのは，「関わり」で，前期実習では13回で特に「子ども分野」で9回と頻度が高かったが，後期実習で出現しなかった。また「情報」は，後期実習では22回で特に「成人分野」で14回と高かったが，前期実習では出現しなかった。

## 5-3　評判分析

　評判分析をおこなった結果が図2である。好評語で最も多かったのが「支援」で36回，次いで「利用者」が28回，「理解」が19回，「人」が17回，「生活」「気持ち」は同じく13回であった。特徴的なのは，「関わり」（11回）と

第6章 社会福祉士実習教育における教育評価の検討　127

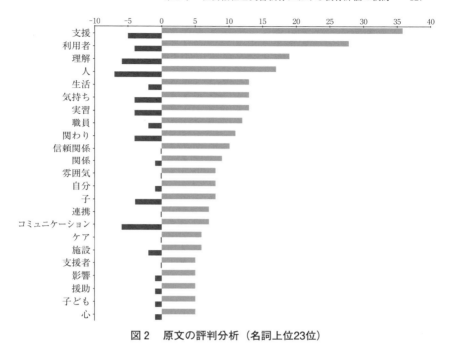

図2　原文の評判分析（名詞上位23位）

「信頼関係」（10回）「関係」（9回）で，10位内に人間関係に関わる言葉が3つ出現した。

## 5-4　全体のことばネットワークの分析（話題分析）

　ことばネットワークとは，信頼度によって抽出されたことばとことばの共起関係を有向グラフによって可視化する分析である。図3は，多くのことばが「利用者」について語られたことを示している。

## 5-5　前期実習と後期実習の対応バブル分析

　図4と図5は前期実習と後期実習それぞれにおいて実習施設種別と関係のある単語についての対応バブル分析（21名分）の結果を表している。4つの

128　第2部　保育士・社会福祉士の養成教育

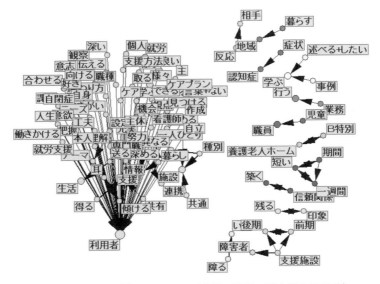

図3　原文のことばネットワーク（名詞・動詞・形容詞上位93位）

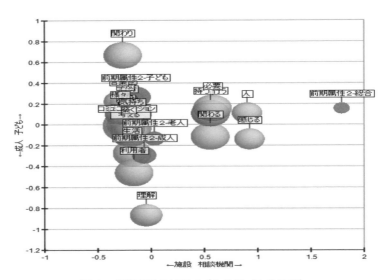

図4　前期実習の対応バブル分析（上位25位）

第6章　社会福祉士実習教育における教育評価の検討　129

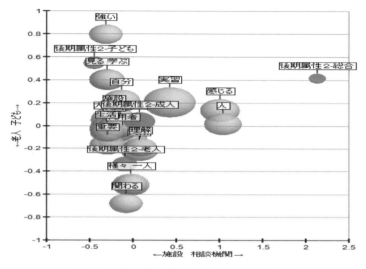

図5　後期実習の対応バブル分析（上位20位）

青い丸はそれぞれ「子ども分野」,「成人分野」,「老人分野」,「総合分野」を表し，緑の丸は単語を表している。

　図4（前期実習の対応バブル分析　上位25位）は，「子ども分野」と「老人分野」と「成人分野」が近くにあるが，「総合分野」は遠く離れていた。「子ども分野」は「自分」「施設」等の単語と関係性があった。「成人分野」は「生活」「利用者」等の単語と関係性があり，「老人分野」は「生活」「大切」等の単語と関係性があった。

　図5（後期実習の対応バブル分析　上位20位）は，前期実習と同様に「子ども分野」と「老人分野」と「成人分野」が近くにあるが，「総合分野」は遠く離れていた。「子ども分野」は「強い」「見る　学ぶ」と関係性があり，「成人分野」は「大切」「利用者」等の単語と関係性があり，「老人」は「様々　一人」「支援」と関係性があった。

130　第2部　保育士・社会福祉士の養成教育

## 5-6　原文参照

### 5-6-1　原文の単語頻度

　全体で頻度が高い単語を原文参照すると，「利用者」は，「利用者一人一人が異なった自立レベルで日々生活をしており，職員の方々は利用者それぞれにあったやり方で支援を行っていた」「実習を重ねていくうちに利用者一人一人の反応の違いを区別できるようになれたことは大きな学びだったと感じる」「利用者の心の声を傾聴し，共感することで安心感が芽生え，それが信頼関係へとつながってくるのだと思った」利用者理解，コミュニケーション，信頼関係について述べていた。

　「行う」は，「利用者のニーズに合わせた支援を行っていた」「私は職員の利用者に対するコミュニケーションを観察し，実際に行って見た」等，援助技術について述べていた。

　「支援」は，「職員は利用者側からの相談があれば，利用者が就労活動に対し意欲をもって取り組むことができるように具体的な支援を行っていた」「きちんと一人一人を理解しなければ的確な支援は行うことが出来ず，むしろ相手にとって悪い影響を与えてしまうことに気がついた」「おそらくこんなことを思っているのではないかな，とその子の気持ちに寄り添ったり，思いを共有していくことが支援していく際に大切なのではないかと実習を通して思った」等，援助技術，個別化や受容といった価値について述べていた。

　「自分」は，「1対1の関わりを強く求める子，試し行動をとって自分に対する職員の愛情を確認する子もいた」「自分が現場に立った時は，利用者の意志を尊重するだけでなく，その人らしさを一緒に見つけ，援助に携わっていきたいと思う」等，子どものことと実習生自身のことを指している場合があり，実習生は自己覚知と将来の理想を述べていた。

第 6 章　社会福祉士実習教育における教育評価の検討　　131

## 5-6-2　前期実習の全体（上位20位）と実習施設種別の単語頻度（表2）

　前期実習（表2）でのみ出現し，特に「子ども分野」で頻度が高かった「関わり」は「1対1の関わりを強く求める子」「児童との関わりを重ねて行く中で信頼関係や愛着関係の形成をしていくことが必要となる」「……言葉以外の方法があるということを子どもたちとの関わりの中で学んだ」等，関わりの重要性やその技術について述べていた。

## 5-6-3　後期実習の全体（上位20位）と実習施設種別の単語頻度（表3）

　「総合分野」で頻度が高かった「人」は，「近隣の人との関係が希薄になっている地域も多い」「地域に住むすべての人を対象にしていることを実感する」等，公的相談機関や社会福祉協議会における利用者理解について述べていた。

## 5-6-4　対応バブル分析

　図4（前期実習の対応バブル分析　上位25位）における実習施設種別対応バブルの「子ども分野」と近い「自分」を原文参照すると，重い障害があるため「自分の気持ちを言葉で伝えるのが難しかったりする子が多かった」と利用者理解について述べていた。「成人分野」と近い「生活」は「……入居前の生活と入所後の，生活が継続したものになるよう，十分に個人の生活を理解する……」と利用者理解について述べていた。「老人分野」と近い「大切」は「……定期的にケアプランを見直し，日々変化していく利用者さんの状態に合わせを行っていく事も大切である」と援助技術について述べていた。

　図5（後期実習の対応バブル分析　上位20位）の「子ども分野」と近い「強い」を原文参照すると，「Cくんと担当のお姉さんの間には強い信頼関係が築かれていて……」「子どもが安心感を抱ける場所や強い信頼関係を築いていくのには，長い時間がかかる」等，信頼関係について述べていた。「成人分野」と近い「利用者」は，「利用者の言葉に耳を傾ける」「寄り添い，相手

132 第2部 保育士・社会福祉士の養成教育

の立場となって考えることで，少しずつ利用者が求めていることが見えるようになった」等，援助技術について述べていた。「老人分野」と近い「支援」は「専門職の役割を知ることによってそれぞれの視点から利用者支援を考えることが出来た」「介護職員や看護師，生活相談員など利用者に関わるすべての専門職者が連携を密にとることで，利用者により良い支援を提供できるのではないかと思った」等，業務内容や他職種との連携という知識について述べていた。

## 6．考察

### 6-1　本研究の結果からみた実習についての語り

　利用者理解やコミュニケーションという技術領域についての学びと信頼関係という価値領域についての学びが最も多く見られた。次いで自己覚知領域についての学びが多くみられた。実習施設の役割や職員の業務内容や利用者の活動内容などの知識領域に関する語りは少なく，実習生が実体験から学んだ内容が多く述べられている。

### 6-2　実習施設種別による語りの違い

　子ども分野では，利用者理解という技術領域と信頼関係という価値領域について多く述べられており，特に信頼関係は「強い」という表現を用いていることが特徴であり，子どもの支援における信頼関係の構築の重要性を学んだと考えられる。成人分野では，利用者理解とその具体的な技術について述べられている。老人分野では，ケアプランの見直しをふまえた個別の支援や他職との連携強化といった具体的な技術について，総合分野では利用者理解という技術について述べられている。

第6章 社会福祉士実習教育における教育評価の検討 133

## 6-3 先行研究（竹内ら，2009）との比較

　竹内ら（2009）による実習教育の学習成果の研究における「コミュニケーション」「信頼関係」「利用者の特性」「関心・関わり」ということばの出現頻度の高さは，本研究においても共通している。実習施設種別による学びの内容の違いについては，先行研究では子ども分野で「関心・関わり」の理解が高いのに対して，本研究結果では子どもの姿をどう捉えるかという「利用者理解」や「信頼関係」の重要性についての学びが多かった。成人分野では，先行研究では「信頼関係」の構築の理解が高いのに対して，本研究結果では利用者理解とそのための具体的な「技術」が多かった。老人分野では，先行研究では「コミュニケーション」の理解が高いのに対して，本研究結果ではケアプランをふまえた支援や他職種との連携等の「技術」が多かった。公的機関・社会福祉協議会等の総合分野では，先行研究では「業務内容」が高いのに対して，本研究結果では利用者理解という「技術」についての学びが多かった。

## 6-4 本研究の実践的意義

　竹内ら（2009）は，学習成果の検討結果から，実習生は，利用者の特性を把握し，コミュニケーションを通じて理解を深めながら，信頼関係の構築を目指しており，利用者のニーズ把握を図り，支援のためのアセスメントを行おうとしていることが推察されると考察している。本研究においても共通の考察ができると考える。また，本研究結果から，事前学習において教育目標が実習生に理解され，実習目標の立案とその実践ができていることが示されたと考えられる。特に利用者を個別に理解しようとする姿勢と，理解するための技術を見て学び実践すること，信頼関係を構築することの重要性についての語りが多かったことは，事前学習での学びが実践と結びついたことを表していると考えられる。このことから，今後も実習教育科目において，実習

134 第2部 保育士・社会福祉士の養成教育

施設及び利用者の特性理解やアセスメント，コミュニケーションの力が身に
つく事前指導の実施と，実習における気づきや発見を学びへ転換するための
個別スーパービジョンとグループスーパービジョンの実施と実習報告書の作
成を進めていくことを再確認できたことにおいて実践的意義があると考える。

## 6-5 エンパワーメント評価にむけての実習報告書の活用

伊藤・井上（2011）でも述べられている，エンパワーメントは，平和の概
念や健康の概念などと同じように，実現すべき理想的状態をあらわす価値概
念である。と同時に，それは，その価値の実現のための介入や活動を評価す
るための分析概念でもある。エンパワーメントの支援には，計画・介入・評
価というサイクルが必要である（伊藤，2007）。

社会福祉士養成教育においても実習の持つ役割の一つは，学生たちが将来
対人援助職の専門家として職業を得て活躍するためのエンパワーメントをお
こなうことであると考える。したがって，社会福祉士養成教育の核となる社
会福祉士実習教育においてエンパワーメント評価を行うことは重要であろう。
その方策の第一として，伊藤・井上（2011）は，形成的評価の観点から，学
生による「実習自己評価表」が学生をエンパワーメントし得る評価となるか
その可能性を探索した。本研究では，形成的評価のフェイズに加え，総括的
評価においても学生のエンパワーメントされたかどうかの実態を探ろうと試
みた。

しかし，実習授業も含めて，カリキュラムがエンパワーメントとエンパ
ワーメント評価という観点から，計画され，実践され，評価されている訳で
はない。本研究の知見をもとに，エンパワーメントの観点を重視した社会福
祉士養成教育のカリキュラムを検討することが重要である。

## 6-6 本研究の限界と今後の課題

本研究の限界は，対象者が21名のみに限られていることである。今後はよ

り多くの対象者からのデータを集積し，ナラティブのより深いテキストマイニング分析が求められよう。とはいえ，実習教育後の報告書の内容を総括的評価の対象とした点で，その理論的・実践的意義は大きいといえよう。今回の成果を踏まえ，カリキュラムの編成と実行と評価において，エンパワーメントとエンパワーメント評価を実現する試みを行うことが今後の課題である。

**謝辞**

研究にご協力いただいた21名の卒業生の皆様と，木下恵美さん，龍野久美子さんに感謝いたします。本研究の分析は，第一著者が武蔵野大学の学生として2012年度VMStudio & TMStudio学生研究奨励賞に応募して貸与されたソフトで行いました。NTTデータ数理システムに感謝いたします。

**文献**

服部兼敏（2010）テキストマイニングで広がる看護の世界—Text Mining Studioを使いこなす—．ナカニシヤ出版．

井上正明（1988）総括的評価．東洋・梅本堯夫・芝祐順・梶田叡一（編著）．現代教育評価事典．金子書房．372．

伊藤恵美・井上孝代（2011）社会福祉士実習教育の評価—学生の実習自己評価表のナラティブ分析を通して—．静岡県立大学短期大学部研究紀要，25-W，1-22．

伊藤武彦（2007）エンパワーメント評価—コミュニティのための参加型評価—．井上孝代（編著）．エンパワーメントのカウンセリング—共生的社会支援の基礎—．川島書店．245-262．

柿本誠（2004）社会福祉援助技術現場実習評価の実態と課題—形成的評価の必要性—．日本福祉大学社会福祉論集，(111)，53-72．

梶田叡一（1995）教育評価—学びと育ちの確かめ—（三訂版）．財団法人放送大学教育振興会．9．

竹内美保・藤原慶二・川田素子・工藤歩・中村剛・八木修司・佐藤哲郎（2009）社会福祉士実習教育における学習成果の検証—実習報告書の分析を通して—．関西福祉大学社会福祉学部研究紀要，12，253-260．

第3部　自死遺族としての子どもの支援に向けて：
文献的考察と語りの分析

# 第7章 自死遺族の手記とその分析方法に関する考察
## ―心的外傷後成長（PTG）に焦点を当てて―

キーワード：自死遺族，手記，心的外傷後成長，伝記分析，テキストマイニング

## 1．問題

　自死者数が高止まり状態で続いている日本において，自死遺族への支援が急がれる。自死遺族への支援において，その複雑な悲嘆の実態を明らかにすることが必要である。自死遺族の悲嘆の実態については，日本では十分な研究が行われておらずその実態は明らかでない（川島，2012）。川島（2012）は，近年の悲嘆研究では，悲嘆を死別による単純な反応として扱う視点から，社会文化的文脈との関わりの中で，能動的に意味の再構成に従事するプロセスとして悲嘆を捉える視点への移行が見られるが，自死遺族を対象とした調査においてこうした視点からの検討は極めて乏しいと述べている。こうした実態を踏まえて川島（2012）は自死遺族にインタビューを実施し，「喪失に対する意味再構成は悲嘆における中心的なプロセス」であることを基本概念として提案された，意味再構成理論（Gillies & Neimeyer, 2006；川島，2008）に基づき3つの活動（意味了解，有益性発見，アイデンティティの変化）に着目して自死遺族の意味再構成プロセスについて検討し，結果として，喪失や人生に新しい意味を見出していく語りが顕著であり，他方で語りえないものや自責感などが多声的に意味再構成プロセスを形作っており，死別後の意味再構成プロセスは一つの意味に集約されるものでなくそして直線的に捉えられるものではないことを明らかにした。ここでは3つの活動のうち「有益性発見」については詳細な検討がなされていない。この概念は近年注目されている「心

的外傷後成長」（Posttraumatic Growth: 宅, 2010；近藤, 2012）との関連性が高い。しかしこの「心的外傷後成長」（以下, PTG）の観点から自死遺族の立ち直りを検討した研究は日本では見られない。伊藤・井上（2011）は自死遺族者による回復過程の語りを意味再構成理論から検討した結果, 川島（2012）と同様の結果を見出した。特に「有益性発見」において, 自死遺族者が自身との和解を果たし, 家族にも変化が起き互いの理解が深まり和解が達成されたことが挙げられた。これは「他者との関係」,「新たな可能性」,「人間としての強さ」,「精神的（スピリチュアルな）変容」,「人生に対する感謝」などにおける成長を示すものである。自死遺族の心理を深く理解し, より回復のプロセスに寄り添った支援を行うためには, この「成長」といった心理的側面をも明らかにすることが重要であると考える。本稿は, 自死遺族が, 家族の自死について語った手記をリストアップし, 自死遺族にPTGが生じているのか, またどのように語られているのかを明らかにするための基礎資料を作成するとともに, PTGの分析方法について検討を行う。

## 2．研究目的

　自死遺族の複雑な心理を「成長」の側面から明らかにするための基礎資料として, 公刊されている自死遺族の手記をリストアップし, どのような手記が発行されているかを明らかにする。また, 自死遺族の語りにおいて, 死別後にPTGが生じているか, そしてPTGがどのように語られているかを明らかにするための分析方法として, 伝記分析とテキストマイニングについて検討することを目的とする。

## 3．意義

　自死遺族の心理的・社会的回復過程において,「心的外傷後成長」が生じ

ることがあるということを明確にできれば，自死遺族自身の意識の転換，そして社会の自死遺族に対する見方の転換と理解の促進を図ることができるという成果が得られると考える。伊藤・井上（2012）は，自死遺族者の語りを意味再構成理論に基づいて検討した結果，死別による PTSD からの一定の回復に至る過程で，「心的外傷後成長」が見出されたことを明らかにしている。それは，自死遺族が単に PTSD から回復するだけでなく，「成長」をする存在であることを示している。死を感じる程の恐ろしい体験をして傷ついても，人間として成長し続けることができるという事実は，死別体験が自分の人生において意味を持つものであるということを示唆しており，このことを自死遺族が知識として知ることに意義があり，その回復と成長に寄与すると考える。また社会の自死遺族に対する見方も転換させる可能性を持っていると考える。特に，社会福祉分野の支援は，生活に困難を生じさせている問題の解決を目指すが，そこに「成長」という視点を加えることにより，困難を抱えてもなお「成長」をする存在として自死遺族を捉えることが可能となる。このことは，支援者が自死遺族に接する時の困惑や偏見の低減につながると考える。

## 4．自死遺族が内面を語りはじめること

　自死が個人の問題のみならず，社会で取り組むべき問題であるという認識の広まりは最近のことである。自死者が 3 万人を越える社会状況が10年以上に渡って継続し，漸く国が対策を講じ始め，2006年に自殺対策基本法が成立施行された。自死の予防はもちろん自死遺族への支援がその柱となった。2008年には NPO 法人ライフリンクが中心となってまとめた『自殺実態白書2008』が刊行され，305人に及ぶ自死遺族への聞き取り調査のデータ解析や，警察庁が発表している自殺者統計分析を基にして自死の実態が大規模かつ詳細に明らかになった。これほど多くの自死遺族からの聞き取り調査が実施さ

れたのは初めてである。

　これまで日本で自殺の実態調査を行ったのは張賢徳で，1993年に当時所属していた帝京大学病院救命センターに運ばれた全自殺者を対象にして心理学的剖検地域調査を実施した。張（2006）によると，心理学的剖検地域調査とは，入手可能なあらゆる情報を用いて，故人の人生を辿り，自殺に至った原因を解明する手法であり，情報の中でも特に重要なのが近親者からの聞き取り調査であると述べている。そして自殺の実態を解明するための遺族への聞き取り調査ではあったが，遺族は故人についての語りをすることで喪の作業をしていたと感じ，遺族ケアの重要性をひしひしと感じたとも述べている（張，2006：85）。張（2006）は，故人の近親者からの聞き取り調査にあたって連絡方法にかなり慎重を期したことを記しているが，それは自殺遺族においては家族内ですら自殺の事実を告げていない場合があるからである。

　家族の自死を隠さざるを得ないという状況は，社会における自死への偏見の存在を反映している。社会に偏見がある以上，家族の自死を他者に語るという行為は，遺族にとって心理的，社会的，ときには経済的な実害を伴うことがある。よって，これまで自死遺族の内面が社会に知られる機会はほとんどなかった。社会の偏見のために遺族が口を噤む，それにより社会は遺族を理解し支援する手立てを講じられない，そして遺族はますます孤立を深めていくという悪循環にあったといえよう。しかし，少しずつ自死遺族がその内面を語りだしている。国内で公刊されている自死遺族の手記で最も古いものは2000年発行であり，2013年2月現在では7冊にのぼる。その数は少ないが確実に社会に自死遺族の声が届き始めているといえよう。社会が自死遺族支援を行うときに最も重要なのは当事者の声を聴くことである。上述のようにその取り組みは徐々にではあるが歩みを進めている。そこでさらに行うべきは，自死遺族の捉え方の枠組みを立て直すことであると考える。自死遺族が偏見にさらされる弱者あるいは被害者といった捉え方のみでなく，同時に日々成長する存在でもあるという捉え方をすることである。そのため，自死

第7章　自死遺族の手記とその分析方法に関する考察　　143

遺族の手記を通して次の点に着目する。

## 5．家族の自死における心的外傷後成長（PTG）

　家族の自死を体験した人が，どのようにその体験と向き合い，成長しているかという点を，宅（2010）の心的外傷後成長（posttraumatic growth: 以下，PTG）の観点から着目する。

　PTGの定義は，「外傷的な体験，すなわち非常に困難な人生上の危機（災害や事故，病を患うこと，大切な人や家族の死など，人生を揺るがすようなさまざまなつらい出来事），及びそれに引き続く苦しみの中から，心理的な成長が体験されることを示しており，結果のみならずプロセス全体を指す」とされている（Tedeschi & Calhoun, 2004；宅, 2010：25）。

　PTGで扱う外傷traumaとは，「必ずしも，米国精神医学界刊行の診断体系（DSM-ⅣによるPTSD診断基準A）で定義されている外傷に限定されず，ストレスの高い出来事から，ライフイベント，危機的な出来事までさまざまな内容のものが含まれる。むしろ，客観的にどのような内容の出来事が体験されたかというよりは，主観として，その衝撃の強さがどのように体験されたかに重点が置かれていることが特徴である」（宅, 2010：25）。

　PTGに大きな影響を及ぼすのが外傷体験に直接関連する認知プロセスである。心的外傷を負うような出来事の直後はネガティブな認知プロセスである侵入的思考が優位となることが多く，起きた出来事を常に考え続けたり，出来事に関連する全てを回避するなどして，多様な心理的・身体的症状が強く出ることが多い。PTGモデルでは，侵入的思考が意図的思考へとその性質を変えることを仮定しており，それは前向きで建設的な認知プロセスで，起きた出来事を肯定的に意味づけようとしたり，そこから何か得るものがあるのではないかと考えるようになることである（宅, 2010：25-26）。

　近藤（2012）はPTGがどのような機序で起こるのかその過程をPTGの包

括モデルとして次のように示している。過程の第1段階目は挑戦である。嘆きの管理や信念と目標の確認，物語ることなどの挑戦が順調にできた後，沈思黙考と反すうの作業にかかる。これらは個人的かつ内面的な作業でほとんど無意識かつ侵入的に行われると同時に，体験自体や体験に伴って起こった心的変化を書いたり話したりする自己開示も行われる。次に，場合によっては社会文化的な身近にあるPTGモデルや，社会的なテーマや一般的な理想を目指したモデルを参照し，より意図的な反すうや体験の全体像の転換などが行われ，最終的なPTGの段階に進んでいく（近藤，2012：5-6）。

　近藤（2012）は，子どものPTGモデルは一般的な流れとは異なるとも述べている。「外傷体験をした際にそれを評価し沈思黙考と反すうの段階に至るのは，大人の場合と同様であるが，一方で養育者の外傷体験後の反応（caregiver's post-trauma responsiveness）が，その後のPTGまでの過程に大きな影響を与えることとなる。つまり，養育者（親）の穏やかな精神状態や，ふだんからの親子の良い関係，悲嘆やストレスに対する適切な対処などが，重要な要素となってくる」とし，「その後の過程では，その子自身が持っているさまざまな能力（competence），つまり問題に対処したり乗り越えたりする力や，自己効力感，さらには人間関係の調整力，未来への期待や希望を持てるかなどが最終的には重要になってくる」と述べている（近藤，2012：6-7）。

　以上を踏まえ，自死遺族と身近な他者との関係および，自死遺族の手記に現れたPTGに着目する。


## 6．自死遺族の手記について

　自死遺族の手記は，2000年より前はほとんど現れていない。それは，世間から来ている社会的スティグマと，自分の中にあるセルフ・スティグマが理由となっているのであろう。たとえば，ひきこもりの研究をしている，久木田（2012）は，ひきこもり当事者と親におけるこれら2つのスティグマにつ

いて，次のように述べている。社会的スティグマとは，社会がある特徴を持つ集団に属する人に抱く偏見や，差別である。不登校の子どもを持つ母親が，周囲の人々から子どもの不登校の責任を問われ，子育ての失敗という強烈なスティグマが付与されていることを言う。これを付与された母親は，子育てに自信が持てなくなり，自己嫌悪や自己否定的な感情を経験する。母親はわが子に寄り添い，子どものスティグマを共有し，代弁する傾向がみられる。また，セルフスティグマとは，自ら社会的スティグマを是認し，スティグマを自身に「内在化する」（internalize）ことである。当事者自身が持つスティグマであり，それは自尊心や自己効力感を低下させ，社会への参加をためらわせるものである。

　自死遺族の手記は，以下のように2000年以降に出版されている。

　これまで 7 冊を収集したので以下に紹介する。


（1）自死遺児文集編集委員会・あしなが育英会（編）（2000）自殺って言えない：自死で遺された子ども・妻の文集　あしなが育英会

　本冊子はあしなが育英会のつどいに参加した自死遺児の学生11名によって編集された文集である。執筆者はいずれもイニシャルであり，実名公表していない。親や配偶者の自死の状況や自身の心の軌跡が詳細に綴られている。このブックレットは残部僅少につき，一般では入手困難である。


（2）自死遺児編集委員会・あしなが育英会（編）（2002）『自殺って言えなかった。』サンマーク出版

　本書は，2000年に発刊された文集「自殺って言えない」が社会の反響を呼び，手記を書いた学生たちが当時の首相に陳情の機会を得，その発言に責任と訴求力をもたせたいと自ら単行本を出したいと宣言して出版された。


（3）若林一美（2003）『自殺した子どもの親たち』青弓社

146　第 3 部　自死遺族としての子どもの支援に向けて：文献的考察と語りの分析

　本書は子どもを亡くした親の会の世話人である著者が，子どもを自死で亡くした親の分科会を開くようになり，その中で記された親の手記を掲載している。

（4）平山正実（監修）グリーフケア・サポートプラザ（編）（2004）『自ら逝ったあなた，遺された私：家族の自死と向き合う』朝日新聞出版
　本書は自死遺族支援を行う NPO 法人によって編集されており，実際に苦しんでいる遺族の役に立ちたいという意図によって書かれたと記されている。自殺と自死の意味の違いに言及し，自ら命を絶った人は病気であったのであり，保護されるべき存在という捉え方により自死という言葉を使うべきと述べている。

（5）自死遺児編集委員会・あしなが育英会（編）（2005）『自殺って言えなかった。』サンマーク出版
　本書は，2002 年に出版された同書名単行本を加筆・訂正した文庫版である。

（6）全国自死遺族総合支援センター（編）（2008）『自殺で家族を亡くして：私たち遺族の物語』三省堂
　編集者は自死遺族支援を行う団体で，自死遺族支援団体や個人によって構成されている。いずれかの団体に所属する遺族が書いた手記を掲載している。

（7）全国自死遺族連絡会（編）（2012）『会いたい：自死で逝った愛しいあなたへ』明石書店
　本書は，全国に自死遺族の自助グループを広げる活動を展開している会によって編集され，親や子ども，配偶者や兄弟を亡くした遺族の手記が掲載されている。

以上，簡単に紹介した。最後にこれらの手記をどのように分析するかを巡って本論稿の終わりとしたい。

## 7．終わりに：手記分析の方法論的検討

### 7-1　手記研究の利点

以上のように，手記は，自死遺族の支援を行なう上で，貴重な資料であり，研究対象である。手記を研究対象として分析することのメリットは以下の2点ある。

手記を分析することの第一の利点は，当事者が家族の自死と向き合うプロセスを知ることができることである。看護学教育分野においては，当事者（患者）の闘病記が活用されており，門林（2000）は闘病記を「病気と闘う（向きあう）プロセスが書かれた手記」と定義しており，同様のことが自死遺族の手記においても言えると考える。

第二の利点は，当事者による語り（ナラティブ）の重要性を明らかにできることである。精神医学分野において，精神科医の八木（2009）は，統合失調症の人たちが執筆した闘病記について，「病から免れている精神の存在を確認し，ほかならぬ精神医学がこれまで不当に貶めてきた当事者の人格を復権しようとする試みである」と，当事者などの手記の分析の意義を評価している。自死遺族もまた，声をあげることができなかった状況がある。当事者の書き言葉を媒体としたナラティブ（小平・いとう，2009）を重視することにより，その存在を広く知らしめ，自死と自死遺族への偏見の低減に少なからず寄与することができるのではないかと考える。

### 7-2　手記を分析することの2個の欠点と留意点

しかし手記分析においては，以下の2個の注意すべき点がある。

148 第3部 自死遺族としての子どもの支援に向けて：文献的考察と語りの分析

　手記を分析することの第一の欠点は，語り得ない当事者の声は聴くことが
できないことである。手記を書き，発表できる当事者は限られると思われる。
本研究で紹介した手記のいずれも支援団体によって発行されており，個人で
発表している人は見当たらない。自死遺族の語りとしては限られた資料であ
ることを留意しなければならない。

　第二の欠点は，手記に遺族の内面が全て語られているとは限らないことで
ある。上述の川島（2012）は，自死遺族が喪失の意味を再構成するプロセス
においては，新しい意味を見出していく語りが顕著である一方，語り得ない
ものや自責感が多声的に形作っていると述べており，この点も注意すべきで
ある。

## 7-3　手記を分析する方法論：伝記分析とテキストマイニング

### 7-3-1　西平（1996）の伝記分析

　家族の自死を体験した人の手記から，その語りの特徴を明らかにし，他者
との関わりを通してPTGの可能性を明らかにするには，西平（1996）の伝記
分析が有効であると思われる。生育史心理学研究の手法による分析方法には，
以下のように個別分析，比較分析，テーマ分析の3つがある。

①個別分析は，個人について個別的に分析するものであり，主に歴史的
　人物の生育史と行動の関係を明らかにするものである。具体的な技法
　としては，第一に列挙法にて，個人について伝記資料を数冊読み，
　ノートをとり，カードを作成する。第二に，個人のライフ・サイクル
　に関しての「生育史心理学的年譜」を作る。第三に，生育史心理学的
　問いを出し，個人のある特別な心理現象・行動様式・性格特性が，い
　つどのような条件下にどのような形で形成されていったかを，「生活
　空間要因関連図」的に図式化する。

②比較分析は，類似した2人（ときには2群），あるいは対照的な2人（2

群）について，伝記資料を使い，比較をとおして，態度，性格，生育
史環境を追求する方法である。

③テーマ分析は，上記の分析を踏まえて，数人の人物に共通の心理的特
性に注目し，そのテーマにしぼって伝記研究を行うものである。具体
的には，20人，30人の伝記資料を選びだし，1つの心理学的な言葉
（たとえばナルシシズムなど）について，各個人の表現や特色を整理し，
どのような環境条件で発達したのか，どのような意味をもつかを分析
し，この語に隠された，含みまでも読みとろうとする方法である。

　以上の3つの中でも，とりわけテーマ分析が，PTGを探索するときに重
要な方法になると考えられる。

## 7-3-2　テキストマイニング

　語り（ナラティブ）を対象とした質的分析が広く行われているが，服部
(2010) は日常的に用いる自然言語の曖昧性を指摘し，自然言語による記述は
本質的に曖昧であり，この曖昧な対象言語を曖昧な自然言語というメタ言語
で解析しようとしても，これはあたかもゴム紐で作ったものさしでプリンの
大きさを測るようなものと述べている。小平ら (2010) によれば，テキスト
マイニングとは，いわば対象としたテキスト（鉱山）からマイニング（発掘）
を行い，鉱石を見つけ出すことであり，つまりはテキストから知見の発掘を
量的に試みるものであり，新しい分析方法であると述べている。また，金
(2009) や小平ら (2007) によれば，テキストマイニングという手法は，文字
（テキスト）という質的データを量的方法で分析する手法であり，質的なテキ
ストデータに基づいたうえで，統計的手法を用いる量的な分析であると述べ
ている。ソフトウェアである Text Mining Studio（NTTデータ数理システム）
は，テキストマイニングによる量的な分析結果から質的データを参照できる
機能（原文参照機能）を備えていることが特徴であり，量的結果と質的デー

150 第3部 自死遺族としての子どもの支援に向けて：文献的考察と語りの分析

タを同時に参照できる（小平ら，2010）。自死遺族の死別後から回復に至る心理過程は複雑なものである（伊藤，2010；伊藤・井上，2011；伊藤・井上，2012）。川島（2012）の先行研究によっても明らかにされているところであり，従来なされてきたように自然言語による質的分析を行うだけでは不十分であるといえる。上述の従来の質的研究法だけではなく，テキストマイニングを用いて分析することにより自死遺族の「心的外傷後成長」に関する新たな知見を得ようとすることが可能であると考える。

## 謝辞

本研究に使用させて頂いた手記の作者の皆様に心から感謝します。

## 文献

張賢徳（2006）人はなぜ自殺するのか—心理学的剖検調査から見えてくるもの—．勉誠出版．

Gillies, J., & Neimeyer, R. A. (2006). Loss, grief, and the search for significance: Toward a model of meaning reconstruction in bereavement. *Journal of Constructivist Psychology*, 19, 31–65.

服部兼敏（2010）テキストマイニングで広がる看護の世界—Text Mining Studioを使いこなす—．ナカニシヤ出版．

平山正実（監修）グリーフケア・サポートプラザ（編）（2004）自ら逝ったあなた，遺された私—家族の自死と向き合う—．朝日新聞出版版．

伊藤恵美（2010）自死遺族の回復過程．第43回日本カウンセリング学会大会発表論文集，100.

伊藤恵美・井上孝代（2011）自死遺族支援システムの選択をめぐる検討．第44回日本カウンセリング学会大会発表論文集，171.

伊藤恵美・井上孝代（2012）自死遺族者へのカウンセリング・プロセスおよび意味再構成理論からの検討．第45回日本カウンセリング学会大会発表論文集，95.

自殺実態解析プロジェクトチーム（2008）自殺実態白書2008（第二版）．NPO法人ライフリンク．

自死遺児文集編集委員会・あしなが育英会（編）（2000）自殺って言えない—自死で遺された子ども・妻の文集—．あしなが育英会．

第 7 章　自死遺族の手記とその分析方法に関する考察　　151

自死遺児編集委員会・あしなが育英会（編）（2002）自殺って言えなかった．サンマーク出版．

自死遺児編集委員会・あしなが育英会（編）（2005）自殺って言えなかった。．サンマーク出版．

門林道子（2000）闘病記と死．河野友信・平山正実（編）．臨床死生学辞典．日本評論社．14-15．

川島大輔（2008）意味再構成理論の現状と課題—死別による悲嘆における意味の探求—．心理学評論，51(4)，485-499．

川島大輔・川野健治（2012）自死遺族の語りにみる死別後の意味再構成プロセス—事例検討—．日本発達心理学会第23回大会発表論文集，283．

金明哲（2009）テキストデータの統計科学入門．岩波書店．

小平朋江・伊藤武彦（2009）ナラティブ教材としての闘病記—多様なメディアにおける精神障害者の語りの教育的活用—．マクロ・カウンセリング研究，8，50-67．

小平朋江・伊藤武彦・松上伸丈・佐々木彩（2007）テキストマイニングによるビデオ教材の分析—精神障害者への偏見低減教育のアカウンタビリティ向上を目指して—．マクロ・カウンセリング研究，6，16-31．

小平朋江・いとうたけひこ・大高庸平（2010）統合失調症の闘病記の分析—古川奈都子『心を病むってどういうこと？：精神病の体験者より』の構造のテキストマイニング—．日本精神保健看護学会誌，19(2)，10-21．

近藤卓（編）（2012）PTG心的外傷後成長—トラウマを超えて—．金子書房．

久木田隼（2012）不登校経験とスティグマ—『Fonte』記事の分析—．修士論文．和光大学．東京

内閣府（2006）自殺対策基本法．http://www8.cao.go.jp/jisatsutaisaku/pdf/basic.pdf（情報取得2013/4/25）

西平直喜（1996）生育史心理学序説—伝記研究から自分史制作へ—．金子書房．

宅香菜子（2010）外傷後成長に関する研究—ストレス体験をきっかけとした青年の変容—．風間書房．

Tedeschi, R. G., & Calhoun, L. G., (2004). The Posttraumatic Growth Inventory: Measuring the positive legacy of trauma. *Journal of Traumatic Stress*，9，455-471．

若林一美（2003）自殺した子どもの親たち．青弓社．

全国自死遺族総合支援センター（編）（2008）自殺で家族を亡くして—私たち遺族の物語—．三省堂．

全国自死遺族連絡会（編）（2012）会いたい―自死で逝った愛しいあなたへ―．明石書店．

# 第 8 章　自死遺児の語りにおける
## 自己開示・発見・リカバリーの過程
### ―手記『自殺って言えなかった。』のテキストマイニング分析―

キーワード：自死遺児，手記，スティグマ，自己開示―発見―回復（UDR-Peer）サイクル，テキストマイニング

## 1．問題と目的

　2001年12月 3 日，10人の自死遺児（以下，遺児）たちが首相官邸を訪れ，「自殺防止の提言」を陳情した。その日， 7 人の遺児が実名を公表，顔も隠さずに記者発表に臨んだ（自死遺児編集委員会・あしなが育英会，2005：264）[1]。この後，2006年に自殺対策基本法が施行され，2007年に策定された自殺総合対策大綱（内閣府，2007）では，自死遺族支援が重点課題として明記され，厚生労働省（2017）にも引き続いている重点施策である。これらの施策は，自死が社会全体で解決すべき問題であることを認識させる大きな推進力のひとつになったと言える。伊藤（2010）は自死遺族のリカバリー過程の複雑性を指摘した。伊藤・井上（2011）ではカウンセリングと並び自助グループ参加を多様なリカバリー過程の契機として指摘している。

　一方で，自助グループ参加以前に，遺児が，公の場で，名前や顔を出し，自死遺児であることを表明することは容易でない。彼らの逡巡は，手記『自殺って言えなかった。』に記されている（2005：250）。伊藤・いとう・井上（2013）によると，本邦における自死遺族・遺児による手記の発行が確認されたのは2000年で，陳情に訪れた遺児たちの文集『自殺って言えない』であった。それまで発行されていない理由を，自死への社会的スティグマと，

遺族・遺児に内在化されたセルフスティグマにあると考察している。

自死によって起こることについて，精神科医の高橋祥友（2003：7）は，「自殺は遺された人々に深い傷を及ぼし」，「自らの手で命を絶ったという事実は，さまざまなメッセージを強い絆にあった人々に伝えることになる」と述べている。高橋聡美（2012）は遺児の抱える問題について次のように説明している。

　　自殺者の約半数が自宅で既遂しており，子どもが自殺現場の第一発見者である場合も少なくない。（中略）このように小さな子どもが抱えるには過酷な状況のなか，周りから「自殺と言ってはだめだよ」と口止めされるケースもあり，心のケアからほど遠い現状がある。／遺児は「殺したのは自分のせいではないか」と自責の念にかられたり，「自分は棄てられた」と自己の存在を否定的に捉えるなど悩みを抱える。また，近隣の人や親戚からは「お父さんがいない分あなたが頑張りなさい」とプレッシャーをかけられるうえに，学校内においては親の死に触れることなく何のケアもされないのである。このように親を亡くした子どもは自身の悲嘆を誰にも話せず，孤立感を抱き孤立していく。／また自殺の場合は，周囲が子どもに伝えていないケースも少なからずあり「子どもに自殺と伝えていいのか」「いつ，どんなふうに伝えたらいいのか」という悩みを保護者は抱えている。(p.182)

遺児がトラウマ体験を抱えている可能性や，周囲の大人から付与される社会的スティグマ，そして，出来事の原因が自分にあるなどの誤解を解く機会が得られにくいことや，そもそも自殺であることを知らされていないという「情報や意思疎通のゆがみ」（大倉，2016）などが問題として挙げられている。認知や言語能力が未熟で発達の途上にある子どもが，これらの問題を客観的に捉えて，解決することは困難である。とりわけ，自死への社会的スティグ

マの付与は，内在化されセルフスティグマとなることもあり，それは自尊心や自己効力感を低下させる要因となるため，子どもが成長するうえで大きな問題であると言える。

西田（2012）は，「自殺対策基本法では遺族への支援が明記され以後，『大人の分かち合いの場』は全国各地に増えていったが，子どものグリーフサポートを提供する場は増えなかった」と述べており，このような状況に置かれている遺児への支援が急がれている。

前述のとおり，様々な問題があり，遺児の存在は可視化されにくく，その実態を知ることは難しい。精神障害のある親に育てられた子どもの支援に携わる横山（2017）は，医療機関において，患者の治療が優先で，家族への支援はほとんどなされていないと言う。特に子どもの存在は認識されておらず，親の病気の説明や支援もされず，子どもは「忘れられた存在」（p. 205）であると述べている。遺児のなかには，うつ状態の親の看病をした子どももおり，二重に忘れられた存在とも言えよう。支援活動の中で，子どもたちの体験を集めた本を制作した理由について，横山（2017）は，今苦しんでいる子どもの方々に，仲間がいること，未来は決して暗くはないという希望を伝えたい，さらに支援者には子どもの成長過程での困難を知り，家族支援の必要性を理解して欲しいと述べている。そして，同様の体験を持つ精神科医夏苅郁子の文献を引用し，「自分の体験を書き下ろすことで，自分の人生を整理することができ，回復への道のりを歩むスタートになるきっかけ」（p. 14）となり，「体験を語ることは，人生を自分の手に取り戻すことにつながる」（p. 14）と述べ，子どもたちの手記を「リカバリーの物語」と名付けている。

水津（2011）は，手記『自殺って言えなかった。』を対象に，「悲嘆（grief）」をめぐる自死遺族（遺児）の「語り」の変容可能性について検討し，自死を公にすることへの抵抗，「つどい」での出会い，自己認識の変化という3つの語りを見出した。「彼らに共有されているドミナントな『語り』があるとすれば，それはそもそも『自死を（公に）語ることができなかった』という

語り」であり，それは「『自死遺児』としての『スティグマ』が染み込んだ自己物語の変容の可能性として語られている。」と述べ，問題点として，「『つどい』での『出会い』というエピファニーとそれに続く『共感』・『語りへの参入』がどのようなプロセスで生じているのか」，そして「なぜ強固なスティグマがしみ込み，封じられていた『語り』が可能になったのかという部分をこの手記集だけでは追い切れていないところ」としている。

　遺児が抱える様々な困難がありながら，どのようにして語ることが可能となったのかを明らかにすることは，遺児支援のための知見として有効と考える。そこで，本稿では，手記『自殺って言えなかった。』を対象としてテキストマイニングを行い，自死遺児の語りの特徴と，どのようにして自己開示に至ったか，その契機について明らかにすることを目的としたい。

## 2．方法

### 2-1　分析対象と方法

　分析対象は，あしなが育英会が発行した自死遺児（遺族含む）の手記『自殺って言えなかった。』の文庫本（2005）であり，その中の「子ども」の手記18編である。18編の手記をタブ区切りにし，テキストデータを作成した。テキストデータは，Text Mining Studioによるテキストマイニング分析を行った。

### 2-2　あしなが育英会と自死遺児の手記『自殺って言えなかった。』の概要

　高橋ら（2015）によると，1950年代後半以降の交通事故死者の急増に対し，1969年，高校生の交通遺児を対象とした奨学金貸与事業を行う財団法人交通遺児育英会が設立された。その後，1988年に災害遺児への奨学金貸与事業を

第8章　自死遺児の語りにおける自己開示・発見・リカバリーの過程　157

行う任意団体，さらに翌1989年に病気遺児支援を行う任意団体が発足し，1993年にこれら2つの団体が合併してあしなが育英会が設立され，交通遺児以外の高校生と大学生を対象とした奨学金貸与事業が始まった。

　あしなが育英会は，阪神淡路大震災による遺児の把握と，彼らの心のケアを目的としたピアサポートプログラム「つどい」を開催した。そして，1998年以降の自死者数増加に対して，遺児支援も始まった。前述のとおり，国政に自殺防止策を提言したあしなが育英会で活動する遺児たちは，その前年2000年に，自死遺児としての体験を綴り，文集『自殺って言えない』を発行した。文集は，大きな反響を呼び，12万冊を自家制作（2005：317）するまでになった。さらに，「小冊子を出してからの（中略）変化していく心を書き，今も苦しむ遺児や母に希望の火を灯す本にしたい」（2005：315）と，単行本『自殺って言えなかった。』（2002）を出版し，文庫本（2005）にもなった。

　文集のタイトル『自殺って言えない』は，親の自殺を言葉にすることが難しい心境が，現在進行形であることを示している。しかし，単行本のそれは『自殺って言えなかった。』と過去形になっており，彼らの心境の変化が見て取れる。

## 2-3　倫理的配慮

　本書は，出版されている書籍であり，著作権に配慮した。すなわち著者の表現や言葉を改変せず，引用部分を明示し，出典を明記した。

## 3．結果

## 3-1　基本情報

　自死遺児（以下，遺児）が書いた文章の基本情報をみると，総行数は分析対象文章の総数を表しており，18編であった。一人当たりの文章の文字数を表

す平均行長は3594.6文字。総文数は1683文で，平均文長は38.4文字であった。内容語の延べ単語数は13,418個で，単語種別数2,505個だった。

## 3-2 単語頻度解析

単語頻度分析（図1）より，使用頻度の高い10単語は，「父」(481)，続いて「思う」(253)，「お父さん」(208)，「自殺」(191)，「自分」(157)，「人」(172)，「母」(135)，「いう」(112)，「いる」(109)，「家」(84) であった（括弧内は使用頻度以下同じ）。「父」が481回と最も多く書かれており，「お父さん」と足すと689回にもなる。18編の著者である遺児たちすべてが，死別したのは父親であった。父親や自分について思うことが多く，周囲の人や遺された母親についての記述が多い。「家」は，自宅で父親が自死したケースが多いためであった。

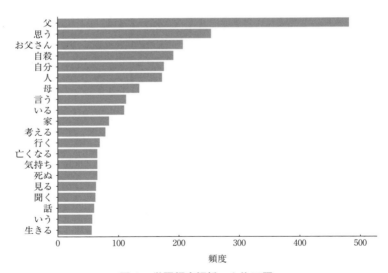

図1　単語頻度解析　上位20語

## 3-3 好評語・不評語に着目して（評判分析）

評判分析とは，「単語を係り受けする好評語（ポジティブなイメージを持つ単語）と不評語（ネガティブなイメージを持つ単語）の頻度を抽出することで単語の評判を分析」（服部，2010）することである。

名詞を対象に好評語と不評語を抽出した。好評語のランキングでは，「人」(28)，「父」(13)，「人たち」(6)，「気持ち」(6) の順に頻度の多い単語があった。不評語のランキングでは，「父」(11)，「人」(10)，「ほんとう」(7)，「母」(6) であった。「母」が不評語の上位になったのは，父の死を告げられたり，父の死後に泣き崩れ，動転する姿を見たり，父の死について「このことは絶対に他人に言ってはいけない」などの，子どもにとって不安を感じさせる言動があったことが考えられ，遺された親との関係が遺児に大きな影響を与えることが示唆された。

## 3-4 重要な単語の原文参照

この中で着目した上位3つの単語である「父」，「思う」，「自殺」は頻度が高いため，共通の話題と考え，注目して原文参照を行った。逆に比較的語られなかった単語である「見る」，「聞く」，「良い」，「考える」にも注目して原文参照を行った。これらの単語の分析によって，遺児の自己開示の契機を明らかにするためであった。以下，その原文と執筆者の氏名を例示する。

## （1）父

18人の手記のすべてが父親の喪失体験とその意味について語っていた。

「家族の誰もが父の自殺を受けとめきれず，必死に否定しようとしていました。」(斎藤勇輝)，「父は，本当は死にたくなかったんだろうと思った」(藤田優子)，「私は父のことが大好きです。そんな父を亡くしたこと

はとても，とてもつらいけど，父の死を認めてあげたいと思います。」
（ツグミ），「父のためにも精一杯生きていきたいと思いながら，毎日を
過ごしています。」（松村千晶），「自殺が減ってほしい…，そのような気
持ちがぼくにはあります。でも減ってほしいと訴えると，父の死を否定
しているような気がして，やはり怖いです。減ってほしい，減ってほし
いと，そのことばかりを口に出せば出すほど，父が亡くなったことがす
ごく惨めに思えることがあるのです。」（山口和浩）

　その死が故人によってもたらされる自死の，理解することの難しさが顕著
であった。

## （2）思う

　遺児たちの思いは多岐にわたっていた。

　「今，自分の体験をふたたび振り返ってみると，実の父親を自殺で亡く
すという体験は，ほんとうに大変なことであり，つらいことであったと
思います。」（久保井康典），「みんなにどう思われるか不安な気持ちもあ
りましたが，それでも少しずつ体験をしゃべってみようという気持ちが
わいてきました。」（ケンジ），「どんなに苦しくても，悩みを抱えていて
も，誰かに相談できたり，何らかの方法で死ななくてもすむ社会をつ
くってほしい…そして，いまだに自信のもてない自分と向き合い，心の
底で温めている夢に向かって，これからも進んでいきたいと思っていま
す。」（斎藤勇輝）

　自分自身の体験の意味や仲間との関係，自信が持てないながらも，そのよ
うな自分のままで将来の夢に向かって生きていこうとする，遺児が抱えてい
る多様で複雑な想いが表れていた。

第8章　自死遺児の語りにおける自己開示・発見・リカバリーの過程　　161

## （3）自殺

　自殺の社会的な意味と遺された本人にとっての意味を語っていた。

> 「『どうしてお父さんが死んだのかと人に聞かれたら，病気で死んだって言いなさい』と強く言われて，自殺はいけないこと，人に知られちゃいけないことなんだと思った。」（藤田優子），「『親を自殺で失った人間がどんなに頑張っても，社会は認めてくれないんだ』という思いからくる無力感や，「自分も父のように自殺で死ぬんじゃないか」という恐怖」（小林秀行），「『死にたい』と『生きたい』の狭間で苦しみ，自殺しか考えられないまでに追いつめられた人の思いは，理解することができないだろう。」（ナオユキ），「最近になって，やっとお父さんは自殺するときにどんな思いだったのか，と考えるようになりました。」（井上英喜）

　自殺は隠すべきことという価値観，無力感や自死した親との同一視など，自死が遺児にもたらすものの重さが語られている。一方で，自死した親の心境に思いを馳せることができるようになった遺児の成長も読み取れた。

## （4）手記では比較的語られなかった単語

　時岡（2003）を参考にしつつ，多出しなかったが重要と思われる単語「見る」・「聞く」・「良い」・「考える」について検討した。

### （4）-1　見る

　体験を自己開示して共通なものを共有することの意義について語っていた。

> 「けれど，このときは私と同じような体験をした自死遺児が泣きながら自分の体験を語る姿を見て，彼らの話を自分の体験と重ね合わせて共感することができたのです。」（ケンジ）

162 第3部 自死遺族としての子どもの支援に向けて：文献的考察と語りの分析

親の自死に対する悲しみや苦しみ，疑問などの表現が許されてこなかった，あるいは許されないと思ってきた遺児にとって，感情や言葉を表出する他者を目の当たりにすることは，価値観の大きな変化をもたらしたのではないか。

## （4）-2　聞く

自助グループにおける体験の自己開示を聞いたときの衝撃が大きかった。

「他の人の話を聞きながら，初めて自分の気持ちに気づくこともたくさんありました。」（久保井康典），「彼の最初の一言を聞いたとき，驚いて息が止まりそうになった。彼は，『自分の父親は自殺で亡くなった』と言った。私と同じだ。胸の奥が熱くなって，彼の話に引き込まれた。」（藤田優子）

他者の語りを聴くことにより，何かを感じ，自分自身との内的対話が生じたと言えよう。同じ体験を持つ人の存在への驚きの強さに，遺児の孤独と孤立が浮き彫りになる。

## （4）-3　良い

自助グループにおける安全・安心な環境・雰囲気を大切にしていた。

「しゃべってもいいのだ，と思ったのです。」（ケンジ），「"自分を語ろう"の時間。そこにいた大学生の先輩が，『ほんとうにつらいことは誰にでもあることだから，言わなくてもいいんだよ。言えることだけ言ってください』と言ってくれたその言葉が，私を救ってくれました。それまでは話すことのできない自分に苦しんでいました。『つどい』に来ても『父親のことを言え！』と強制されているような気がして，そして言えない自分をまた責めていました。けれど，その言えない自分を認めてくれる

第8章　自死遺児の語りにおける自己開示・発見・リカバリーの過程　　163

人がいた。言えなくてもいいんだ。言えない自分でいいんだ。それをわかってくれる人がいるんだ。ありがたかった。ほっとして，安心できました。私はここにいていいんだ。」（斎藤勇輝）

「つどい」の場に対する，親の自死について語っても良いことへの驚きと，語らなくても良いことの安心感という，相反する遺児の気持ちが特徴的であり，遺児がその存在を肯定される場の重要性を示している。

### （4）-4　考える

父の自死についてグループの中で考えることの意義について語っていた。

「仲間の話を聞いて『つらいのは私だけじゃないんだ』と思うことができた私は，整理がついていないものの，最後の最後になって話を聞いてもらいたいという思いが込み上げてきました。そして，何とか話をすることができました。このとき初めて，父親の死について深く考え，向き合うことができた」（ツバサ），「冷静に父親の自死について考えられるようになったのは，8年という時間と，その中で出合ってきた経験が大きかったと思います。とくに自死遺児同士で話をする機会をもてたことが，私にとっては非常に大きなことでした。」（ケンジ）

自死遺児であることを語れない，死別の悲しみや苦しみを表現することが難しい状況におかれている子どもが，気持ちを表出し，他者に受け止めてもらえると，親の死や自分の体験の意味を考えることができるようになる。

164 第3部 自死遺族としての子どもの支援に向けて：文献的考察と語りの分析

## 4. 考察

### 4-1 遺児の語りの特徴と自己開示の契機

遺児の手記には，「つどい」に参加した体験が大きな転換であったことが記されていた。その語りの特徴として，自死への理解の難しさを感じながら，自分なりに父親の自死を受けとめようとする姿があった。「自殺」についての語りには，セルフスティグマを抱えていることや，自死遺児の存在を認めない社会への無力感，自死遺児に特徴的な心理である親との同一視（大倉，2016）などが見られるとともに，自分の体験を語れるようになった遺児が，亡くなった父親に目を向け始める姿が現れていた。また，父親を自死で亡くすことは大変で，つらい体験だったのだと認めることができたのは，前述の横山（2017）が述べているように，「語る」ことで，「自分の体験を整理」できたことの証であり，「書く」ことで，「回復への道のりを歩むスタートになるきっかけ」を掴んだ，すなわち「リカバリーの物語」であると言えよう。そして，自死遺児であることやその体験を語れるようになり，仲間と分かち合えるようになってもなお，自信は持てないまま，自分の夢に向けて生きていくことを表明する遺児の成長の姿があった。

遺児の中には，同じ体験を持つ人の「つどい」であっても，語れない人もいる。遺児の一人は，他者が語るのを「見て」，「聴いて」初めて，（自分の体験を）「しゃべってもいいのだ」と思ったと記しており，彼にとって自死に対する認識と価値観が変わる大きな出来事であったと言えよう。「しゃべってもいい」とわかった彼は，真剣に聴いてくれる他者に語りだした。一方，「つどい」で（父が自死であったことを）「言えない」ことに自責の念を抱くまでになっていた遺児は，「言えなくてもいいんだ。言えない自分でいいんだ。それをわかってくれる人がいる」ことがわかり，安心感を持つことができた。

彼は，その後，名前を記して手記を書き出版するという，すなわち自己開示
をするまでになったのである。

## 4-2 自己開示─発見─回復（UDR-Peer）サイクルの場としての自助
### グループ

　小平・いとう（2018）は精神障害者がリカバリーする過程で，仲間などの
信頼関係に支えられた場（Peer）で自己開示（Uncovery）と発見（Discovery）
と回復（Recovery）の循環が行われていることを指摘した。自死遺族である
本研究の対象者たちも自助グループによって支えられ，自分たちの体験の意
味を再構成してリカバリーに向かっている。また時岡（2003, 2007, 2008）の
「つどい」参加者を対象としたインタビューでもこのようなプロセスにおけ
る当事者たちの声が示されている。自死遺族にとって「つどい」のような仲
間関係の場の存在の意味は大きい。西田（2012）が指摘するように，自死遺
族である子ども・青年の対応が不十分であり，改善が望まれている。本研究
の対象者たちは，あしなが育英会の奨学金が媒介となっていた。さまざまな
きっかけにより，「つどい」のような自助グループがありそれにアクセスが
できることと，いいかえると当事者たちの被援助要請（ヘルプ・シーキング）
活動ができやすくなることが重要であろう。

## 4-3 本研究の限界と今後の課題

　自死遺児の手記1冊における18名の方の手記を対象としてテキストマイニ
ングを行い，語りの特徴を明らかにすることが目的であった。伊藤・いと
う・井上（2013）は，自死遺族・遺児の手記を分析する際の留意点として，
手記を発表できる当事者は限られており，語ることのできない人の声は聴く
ことができないこと，そして，手記に彼らの内面がすべて語られているとは
限らないことを挙げている。本稿でも同様の限界があると言える。そして，
手記分析の方法について，伊藤・いとう・井上（2013）は，質的分析と量的

分析を行う必要を述べ，質的分析方法として，伝記分析の方法のひとつであるテーマ分析が有効としている。本研究では原文参照によるテーマ分析を試みた。自死遺児の特徴的な心理には，周囲の大人のかかわり方や，自死への偏見など社会のあり様が大きく影響していることから，今後の課題として，さらにテーマ分析を深める必要があろう。

とはいえ本研究では，自死遺児のリカバリー過程について，自助グループの役割が重要であり，自己開示—発見—回復のサイクルが見られることを示した。自死遺児のリカバリーのための自助グループの重要性を明らかにできた。

## 謝辞
本研究は，静岡県立大学短期大学部教員特別研究の助成を受けた。

## 注
1）手記『自殺って言えなかった。』（2005）は2002年の単行本に加筆・訂正したものである。本文中多数引用するため，以後引用文献表記において，編者名を省略する。たとえば，同手記1頁を引用した場合は，（2005：1）とすることとする。

## 文献
服部兼敏（2010）テキストマイニングで広がる看護の世界—Text Mining Studioを使いこなす—．ナカニシヤ出版．

伊藤恵美（2010）自死遺族の回復過程．第43回日本カウンセリング学会大会発表論文集，100.

伊藤恵美・井上孝代（2011）自死遺族支援システムの選択をめぐる検討．第44回日本カウンセリング学会大会発表論文集，171.

伊藤恵美・いとうたけひこ・井上孝代（2013）自死遺族の手記とその分析方法に関する考察—心的外傷後成長（PTG）に焦点を当てて—．静岡県立大学短期大学部研究紀要，27-W，1-9.

自死遺児文集編集委員会・あしなが育英会（編）（2000）自殺って言えない—自死で遺された子ども・妻の文集—．あしなが育英会．

自死遺児編集委員会・あしなが育英会（編）（2002/2005）自殺って言えなかった。．サンマーク出版．

小平朋江・いとうたけひこ（2018）精神看護学教育におけるナラティブ教材の活用—UDRサイクルの重要性とアクティブ・ラーニングへの可能性—．日本看護学教育学会第28回学術集会資料．

厚生労働省（2017）自殺総合対策大綱：誰も自殺に追い込まれることのない社会の実現を目指して．https://www.mhlw.go.jp/stf/seisakunitsuite/bunya/0000131022.html

内閣府（2007）自殺総合対策大綱（旧大綱）．https://www.mhlw.go.jp/stf/seisakunitsuite/bunya/0000131004.html

西田正弘（2012）家族を亡くした子どもたちのためのグリーフサポート—当事者としての子どもに寄り添うために—．世界の児童と母性，73，29–36．

西平直喜（1996）生育史心理学序説—伝記研究から自分史制作へ—．金子書房．

大倉高志（2016）親が自殺で亡くなった事実を子どもにどう伝えるか？—国内外の文献検討から見えてきたこと—．東海学院大学紀要，10，70–95．

水津嘉克（2011）自死遺児の語りにおける物語変容の可能性．東京学芸大学紀要人文社会科学系Ⅱ，62，157–165．

高橋聡美（2012）3 遺児サポートにおけるわが国の問題　5．自死遺児の抱える問題．高橋聡美（編著）．グリーフケア—死別による悲嘆の援助—．メヂカルフレンド社．

時岡新（2003）故人をめぐる対話—子どもたちによる分かち合いの会のばあい—．年報筑波社会学，15，82–93．

時岡新（2007）資料・自分と，誰かのために—自死遺児たちの分かち合いの会の経験から—（上）．金城学院大学論集社会学編，4(1)，94–114．

時岡新（2008）資料・自分と，誰かのために—自死遺児たちの分かち合いの会の経験から—（下）．金城学院大学論集社会学編，4(2)，82–96．

# 初 出 一 覧

**第1部　喪失体験をもつ子どもへの支援についての意識調査**

第1章　加藤恵美・井上孝代・いとうたけひこ（2020）保育所保育士の"喪失体験児保育"に関する意識—ある保育研究会における事例検討を通して—．マクロ・カウンセリング研究, 13, 2-20.

第2章　加藤恵美・いとうたけひこ・井上孝代（2021）親の離婚を体験した子どもの支援に関する保育士の意識調査—現職・保育学生を対象とする"あいまいな喪失"体験児への支援教育プログラム構築に向けて—．静岡県立大学短期大学部研究紀要, 35-W, 1-19.

第3章　加藤恵美・いとうたけひこ・井上孝代（2021）親との離別という"あいまいな喪失"体験をした保育園児へのパンデミック下での心理社会的支援の課題．マクロ・カウンセリング研究, 14, 17-29.

**第2部　保育士・社会福祉士の養成教育**

第4章　伊藤恵美・いとうたけひこ（2013）保育者養成教育における読み聞かせ活動の位置づけ—研究論文のタイトル・サブタイトルのテキストマイニング—．静岡県立大学短期大学部研究紀要, 27-W, 1-12.

第5章　伊藤恵美・井上孝代（2011）社会福祉士実習教育の評価—学生の実習自己評価表のナラティブ分析を通して—．静岡県立大学短期大学部研究紀要, 25-W, 1-22.

第6章　伊藤恵美・井上孝代・いとうたけひこ（2012）社会福祉士実習教育における教育評価の検討—学生の実習報告書のテキストマイニング分析を通して—．静岡県立大学短期大学部研究紀要, 26-W, 1-12.

**第3部　自死遺族としての子どもの支援に向けて：文献的考察と語りの分析**

第7章　伊藤恵美・いとうたけひこ・井上孝代（2013）自死遺族の手記とその分析方法に関する考察—心的外傷後成長（PTG）に焦点を当てて—．静岡県立大学短期大学部研究紀要, 27-W, 1-9.

第8章　加藤恵美・いとうたけひこ・井上孝代（2018）自死遺児の語りにおける自己開示・発見・リカバリーの過程—手記『自殺って言えなかった』のテキストマイニング分析—．マクロ・カウンセリング研究, 11, 12-22.

# 謝　　辞

　大学と関係者の皆様に感謝いたします。また，本書の出版に尽力を賜った風間書房の風間敬子社長，編集をご担当いただいた大高庸平様に心よりお礼申し上げます。さらに共著者のいとうたけひこ先生，井上孝代先生に心より深く感謝申し上げます。論文の校正をしてくださった阿部恵子様，木下恵美様に感謝の意を表します。そして，ご多忙のなか貴重なお時間を割いて聞き取り調査，事例検討，質問紙調査にご協力いただいた保育士の皆様に心より厚くお礼申し上げます。

　2025年2月

　　　　　　　　　　　　　　　　　　　　　　　　　　　　加藤　　恵美

【略歴】

加藤　恵美（かとう　えみ）
岩手県出身
1992年　尚絅女学院短期大学保育学科　卒業
1992年　岩手キリスト教学園青山幼稚園　教諭
2002年　岩手県立大学社会福祉学部福祉経営学科　卒業
2004年　岩手県立大学大学院社会福祉学研究科社会福祉学専攻修士課程　修了
　　　　修士（社会福祉学）
2004年　岩手県立大学社会福祉学部実習教育開発室　実習講師（助手）
2005年　静岡県立大学短期大学部社会福祉学科社会福祉専攻　助手
2011年　武蔵野大学通信教育部人間科学部人間科学科心理学専攻　卒業

現　在　静岡県立大学短期大学部社会福祉学科社会福祉専攻　助教
　　　　保育士，社会福祉士

---

### 子どもの喪失体験の理解および保育による支援と養成教育
#### ―親との離別と自死遺族を中心に―

2025 年 4 月 30 日　初版第 1 刷発行

著　者　　加　藤　恵　美

発行者　　風　間　敬　子

発行所　　株式会社　風　間　書　房
〒 101-0051　東京都千代田区神田神保町 1-34
電話 03（3291）5729　FAX 03（3291）5757
振替 00110-5-1853

印刷　平河工業社　　製本　井上製本所

©2025　Emi Kato　　　　　　　　　　　　NDC分類：376.1
ISBN978-4-7599-2539-5　　Printed in Japan
JCOPY 〈出版者著作権管理機構 委託出版物〉
本書の無断複製は，著作権法上での例外を除き禁じられています。複製される場合は，そのつど事前に出版者著作権管理機構（電話 03-5244-5088，FAX 03-5244-5089，e-mail: info@jcopy.or.jp）の許諾を得て下さい。